SCÉNARIO CATASTROPHE !

Manuel de Survie :

EN VOYAGE

SCÉNARIO CATASTROPHE !
Manuel de Survie :
EN VOYAGE

Joshua Piven et David Borgenicht
Illustrations de Brenda Brown
Traduit de l'anglais par Maud Godoc

éditions
365
editions365.com

First published in English by Chronicle Books, San Francisco, California.
Ce livre a été négocié par l'agence littéraire Sea of Stories, www.seaofstories.com, sidonie@seaofstories.com

Les auteurs remercient tous les experts pour leurs connaissances et leur expérience inestimables qui ont rendu possible la publication de ce livre et qui ont peut-être ainsi sauvé une vie ou deux. Des remerciements en particulier à tous ceux qui ont travaillé sur ce livre : Mindy Brown, Erin Slonaker, Jason Rekulak, Susan Van Horn, Frances J. Soo Ping Chow, Jason Mitchell, Steve Mockus, et bien entendu, Jay Schaefer.

ISBN 978-2-35155-086-1

Imprimé en mai 2007 par Herissey.

Dépôt légal juin 2007.

éditions 365
editions365.com

Éditions 365
32, rue de Londres - 75009 Paris
www.editions365.com

AVERTISSEMENT

Lorsqu'une vie est en danger ou une situation désespérée, il est possible qu'aucune solution efficace n'existe. Pour affronter les scénarios catastrophe dont il est question dans ce livre, nous vous recommandons vivement – expressément, même – de consulter un expert confirmé. Mais dans la mesure où les experts confirmés ne sont pas toujours à portée de main lorsque la sécurité physique ou psychologique d'un être humain est en jeu, nous avons demandé à des experts dans différents domaines de nous décrire les techniques auxquelles ils auraient recours dans ces situations d'urgence.

L'ÉDITEUR, LES AUTEURS ET LES EXPERTS DÉCLINENT TOUTE RESPONSABILITÉ quant aux blessures pouvant résulter de l'usage, bon ou mauvais, des informations contenues dans cet ouvrage. Bien que tous les conseils figurant ici nous aient été prodigués par des experts confrontés aux situations décrites, nous n'en garantissons ni l'exhaustivité, ni la fiabilité absolue, et ils ne devront en aucun cas se substituer au bon sens et à la capacité de jugement du lecteur. Enfin, rien dans cet ouvrage ne saurait être compris ou interprété comme une violation des droits de l'homme ou du droit pénal ; nous vous demandons instamment de respecter les lois et les droits d'autrui, y compris les droits de propriété.

—Les auteurs

SOMMAIRE

PREFACE

Par David Concannon, Explorers Club

Lorsqu'on consacre comme moi sa vie au voyage et à l'aventure, on n'est jamais à l'abri d'un gros pépin – et dans mon cas, je l'avoue, les expériences dangereuses et pénibles n'ont pas manqué. J'en ai tiré quelques leçons enrichissantes qui, je l'espère, pourront vous être utiles.

Leçon 1 : s'attendre à l'inattendu.
C'était en juillet 1989. Je me trouvais à 4 500 m d'altitude sur les contreforts du Kilimandjaro en Tanzanie, craignant sérieusement pour ma vie.

J'entends encore mes amis avant mon départ : « le Kili, c'est du gâteau. Pas besoin d'être un alpiniste chevronné pour le gravir. Tout ce que tu risques, c'est le mal des hauteurs, peut-être un peu d'œdème. Rien de mortel, ne te fais pas de bile ».

Je fus arraché à mes pensées par la voix d'un compagnon de cordée, un médecin qui avait fini de m'ausculter. « Tu fais un collapsus pulmonaire, m'annonça-t-il. Tu souffres aussi d'œdème pulmonaire et cérébral, et d'hémorragies rétiniennes aux deux yeux ». Voilà qui expliquait mes difficultés respiratoires, le trouble de l'élocution qui m'avait pris brutalement et cette douleur qui me vrillait les yeux à chaque fois que j'ôtais mes lunettes de soleil.

Le trouble de la parole et la confusion mentale, je pouvais encore gérer. Ce qui m'inquiétait plus sérieusement, c'était le collapsus pulmonaire (le deuxième de mon existence) et ce liquide qui clapotait dans mon poumon sain. « Si tu contractes une pneumonie, tu seras mort demain, ajouta le médecin, rassurant. Tu ferais mieux de marcher ».

Aussitôt dit, aussitôt fait : je parcourus 38 km.

Deux jours plus tard, je gagnai le Kenya à bord d'un avion non pressurisé, puis m'envolai pour l'Allemagne d'où je pris un vol Pan Am pour New York – en zone fumeurs, l'horreur. Cinq jours plus tard, je me rendis dans un hôpital de Philadelphie où un neurologue et un pneumologue m'examinèrent dans un silence sidéré. En théorie, je n'aurais pas dû m'en sortir. Et pourtant…

À compter de ce jour, je sus que je pouvais surmonter n'importe quel scénario-catastrophe durant mes voyages. Fie-toi à ta présence d'esprit et fonce, tel était mon credo. Par miracle, je suis toujours revenu à peu près entier de mes aventures sans même avoir besoin de me faire rapatrier.

Leçon 2 : on ne peut pas tout maîtriser.

Si je n'ai pas toujours été en mesure de prévoir les problèmes, graves ou mineurs, qui allaient me tomber dessus, j'ai vite compris qu'une fois dans la panade, il fallait en accepter le caractère inévitable. Avoir ses poches de pantalon lacérées au rasoir à Buenos Aires, être détourné vers le Kosovo pour cause d'« activités terroristes » en Croatie ou perdre ses bagages lors d'une simple escale à Atlanta, autant d'impondérables à prendre avec philosophie par le voyageur qui ne doit pas y voir le résultat de circonstances extraordinaires ou de bourdes personnelles.

Lorsque je vivais au Kenya, je me déplaçais en avion le week-end, un moyen de transport jugé plus sûr que la voiture. Une fois, le vol que j'avais l'intention de prendre était complet ; ce week-end-là, l'avion s'écrasa. Les Kenyans réagirent avec leur fatalisme coutumier : « Hakuna ma tata », commentèrent-ils l'événement – un accident, ça arrive. Parfois, les accidents arrivent pour une bonne raison, me dis-je. Pas toujours, c'est vrai. N'empêche que le week-end suivant, je préférai prendre le train.

Certains recherchent les situations extrêmes pour le plaisir d'en affronter les périls, un petit jeu qui à leurs yeux contribue aux frissons du voyage. Mais même si vous n'avez pas une âme d'aventurier, résignez-vous à perdre vos bagages, à voir votre réservation d'hôtel annulée ou le dernier vol partir sans vous.

La question est alors de savoir comment vous allez vous en sortir.

Leçon 3 : toujours avoir un plan B.

Quelques précautions peuvent vous épargner bien des déboires.

Une fois, j'ai souffert d'une grave hypothermie à cause d'un vieux sac de couchage en coton que j'avais emporté pour une randonnée dans les White Mountains, au New Hampshire. En plaine, les prévisions météorologiques annonçaient du soleil et des températures clémentes. Or, dans les hauteurs, il plut cinq jours d'affilée. Toutes mes affaires étaient trempées ; impossible de me réchauffer. Je finis par délirer – et faillis perdre connaissance.

Après deux jours passés dans un sac de couchage sec avec deux compagnons à moitié nus, histoire de faire remonter ma température, je me jurai de ne plus jamais me faire prendre bêtement au dépourvu. J'ai tenu parole.

Maintenant, avant de partir, j'étudie tout dans les moindres détails : solutions de repli pour les transports et l'hébergement, conditions météo, guides touristiques, équipement adapté à la destination... Bref, tout ce qui peut s'avérer utile en cas de pépin. J'ai ainsi évité plusieurs fois de me retrouver coincé dans un aéroport pour une correspondance manquée parce que je connaissais les horaires des compagnies concurrentes. Un jour, j'ai pris onze trains et bus de Suisse jusqu'à La Haye : le premier train suisse avait dix minutes de retard, ce qui m'a fait rater toutes mes correspondances en Allemagne et aux Pays-Bas, mais je suis quand même arrivé à mon auberge avant minuit, heure de fermeture. Un seul conseil donc : préparez-vous. Sans l'équipement adéquat, un jour de pluie à Paris peut s'avérer aussi calamiteux qu'une tempête dans l'Atlantique nord.

Leçon 4 : les ennuis s'accumulent ? Dites-vous que ça peut encore être pire.

Récemment, j'ai participé à une mission d'exploration d'un mois du Titanic, expédition qui a valu son lot de galères à l'équipe. Chaque jour nous apportait de nouveaux défis plus stressants les uns que les autres : le matériel tombait en panne, le temps était abominable (nous avons affronté trois tempêtes et un ouragan) et nous avons même eu droit à une intoxication alimentaire générale - tout cela en plus du niveau de risque extrême de la mission en elle-même (la plongée en submersible implique un risque quotidien de mort par implosion, noyade, incendie, asphyxie et j'en passe). Pour ajouter encore à la tension ambiante, les médias internationaux couvraient l'événement. Mais nous avons tenu bon et relevé chaque défi de front l'un après l'autre. Jamais nous n'avons laissé les problèmes s'accumuler – nous aurions été vite submergés. Il en va de tout voyage comme de cette expédition : l'important, c'est de se focaliser non pas sur la galère en elle-même, mais sur les solutions pour s'en sortir, étape par étape.

Après ces quelques principes théoriques, il ne vous reste plus qu'à passer aux détails pratiques qui n'auront bientôt plus aucun secret pour vous. Alors, bonne lecture !

Les gens n'embarquent pas pour un voyage,
c'est le voyage qui les embarque.
(John Steinbeck)

Que le timoré reste donc chez lui.
(Justice Benjamin Cardozo)

INTRODUCTION

Les statistiques ne sont pas favorables aux voyageurs : plus de la moitié d'entre eux rencontrent des problèmes divers et variés lors de leurs pérégrinations. Nous espérons bien sûr que vous n'aurez jamais pire souci qu'un dossier qui refuse de s'incliner ou un lavabo qui fuit dans votre chambre d'hôtel. Mais il y a pire, bien pire…

Détournement d'avion, sangsues, train fou, tarentule, tsunami, amputation accidentelle, crash aérien, enlèvement par des extraterrestres, incendie qui se déclare dans votre hôtel alors que vous dormez tranquillement au 33e étage… Le chemin de l'insouciant voyageur n'est pas toujours un long fleuve tranquille.

Alors un bon conseil, simple et efficace : en toute situation, soyez prêt à affronter le pire.

À notre avis, la bonne réponse au risque de malchance ou de danger ne consiste pas à s'enfermer chez soi à double tour (déjà pour la bonne raison que l'aventure peut parfois vous surprendre entre les quatre murs de votre appartement). Explorez le monde, escaladez les sommets, franchissez les rivières, baladez-vous à dos de chameau, dégustez la cuisine locale, bref ayez le goût de l'aventure – sachez juste comment réagir quand celle-ci menace de virer au désastre.

Afin que ce guide soit le plus exhaustif possible, nous avons considéré le voyage sous ses aspects les plus divers : une tempête de sable peut constituer une expérience exotique en diable pour un habitant du New Jersey, déjà moins si vous vivez en Arabie Saoudite ; un

Tahitien sera sans doute bien avancé de savoir ce qu'il faut faire lorsqu'on tombe sur une voie de métro, mais si vous résidez à Paris, New York ou Tokyo, il peut s'agir d'une question de survie quotidienne. Une bête excursion locale pour l'un peut s'avérer la plus extravagante des expériences pour l'autre.

Dans l'optique de cet ouvrage, le voyage commence donc à peine avez-vous franchi le seuil de votre domicile, que vous ayez l'intention de vous rendre à l'autre bout de la ville ou de franchir l'équateur. Il répertorie les pires scénarios catastrophe que le petit ou grand voyageur peut rencontrer et apporte pour chaque cas les compétences adaptées parfois synonymes de survie pure et simple.

Bien évidemment, nous ne voulons que votre bien – loin de nous l'idée de vous faire peur pour rien – mais nous ne sommes pas pour autant des experts en survie ou en sécurité. Nous ne sommes que des touristes ordinaires épris de liberté et d'aventure – deux types comme tout le monde (affligés quand même, nous en convenons, d'une sacrée dose de paranoïa et d'une curiosité dévorante). Alors, pour être sûrs de maîtriser les situations les plus extrêmes, nous avons à nouveau consulté des experts au top dans leur domaine : spécialistes de la sécurité, pilotes, mécaniciens ferroviaires, cascadeurs pour le cinéma, consultants en contre-terrorisme, guides, zoologistes spécialisés en faune exotique, pour ne citer que quelques exemples (ils sont tous cités à la fin du présent ouvrage). Grâce à leurs conseils avisés, nous avons élaboré ce petit vade-mecum illustré sur la conduite à tenir, étape par étape, dans des dizaines de situations périlleuses.

Afin que ce guide ait son utilité même les jours moins mouvementés, nous avons également demandé à notre équipe d'experts de nous livrer leurs conseils personnels qui amélioreront vos conditions de voyage : grâce aux suggestions rassemblées en annexe, les précautions à prendre avec les bagages, le vol et le séjour à l'hôtel n'auront plus de secrets pour vous : vous deviendrez en un clin d'œil un pro du voyage. Cet appendice est utilement complété par une liste de locutions (en cinq langues) à connaître absolument dans les cas d'extrême urgence, ainsi que les gestes à éviter – car leur signification varie du tout au tout selon le pays.

Si une seule fois, demain ou dans dix ans, vous êtes amené à appliquer les informations contenues dans ce manuel, vous pourriez sauver une vie – la vôtre ou celle d'un compagnon d'aventure. Ce livre aura alors atteint son but : être votre passeport pour la survie. Et si un jour vous êtes dans l'embarras, les présentes pages peuvent toujours faire office de papier hygiénique. Pratique.

Aux aventuriers en chambre, bonne lecture et bon amusement.

Et à tous les autres, bon voyage !

Chapitre 1

LES MOYENS DE TRANSPORT

COMMENT MAÎTRISER UN CHAMEAU EMBALLÉ

1 **Agrippez fermement les rênes – mais ne les tirez pas en arrière pour tenter de stopper l'animal.**

À la différence d'un cheval fou, on ne peut pas toujours tirer la tête d'un chameau sur le côté dans le but de ralentir sa course. En général, le chameau porte une têtière sans mors ou un anneau de nez. Si vous tirez sur l'anneau, vous risquez de blesser l'animal – ou de rompre les rênes.

Tenez fermement les rênes et tirez-les sur le côté afin de faire courir l'animal en rond. Il s'arrêtera de lui-même.

2 **Si le chameau a des rênes solides et une têtière, tirez les rênes sur le côté afin de faire courir l'animal en rond.**

Ne luttez pas contre le chameau ; tirez dans la direction où il choisit de tourner la tête. Il changera peut-être plusieurs fois de direction – laissez-le agir à sa guise.

3 **Si le chameau a un anneau de nez, contentez-vous de tenir fermement les rênes.**

À l'aide des rênes, tentez de garder l'équilibre et serrez les jambes. S'il y a une selle, agrippez-vous au pommeau.

4 **Tenez bon jusqu'à ce que le chameau s'arrête.**

Qu'il tourne en rond ou coure en ligne droite, l'animal n'ira pas très loin. Au pire, il se couchera dès que la fatigue se fera sentir.

5 **Dès que le chameau se couche, sautez.**

Tenez les rênes pour prévenir toute nouvelle escapade.

COMMENT ARRÊTER UN TRAIN FOU

1 **Localisez le frein de secours.**
Il existe un frein de secours à l'intérieur de chaque wagon de passagers, aux deux extrémités. De manière générale, les manettes sont de couleur rouge et clairement indiquées.

2 **Tirez la manette.**
La manette ouvre une soupape qui libère l'air sous pression dans le système de freinage, entraînant le blocage d'urgence des freins. Un déraillement n'est pas à exclure, selon la courbe et la pente de la voie, le poids du train et le nombre de wagons.

SI LE FREIN NE FONCTIONNE PAS

1 **Appelez à l'aide.**
Localisez l'interphone réservé au personnel de bord. Appuyez sur le bouton « parler » entre l'écouteur et le microphone. Ne changez pas le canal, même si vous n'entendez pas de réponse. Transmettez un appel de détresse : donnez toute information qui puisse aider à localiser le train (par exemple le numéro de la rame et sa destination). Le régulateur devrait capter votre message et dégager la voie sans forcément répondre. Si vous ne contactez personne, vous allez devoir tenter de stopper le train par vos propres moyens.

2 **Gagnez l'avant du train.**
Tirez la manette de tous les freins de secours sur votre passage ou demandez à d'autres passagers d'actionner le frein manuel. Celui-ci est différent des manettes décrites plus haut et se situe à chaque extrémité d'un wagon de passagers, à l'intérieur de l'entrée. Il peut prendre la forme d'un volant à tourner ou d'un levier à abaisser. Actionnez-les au maximum et laissez-les serrés (le seul freinage de la motrice ne suffit pas à stopper un convoi).

3 **Entrez dans la locomotive.**
La locomotive se trouve en général juste après le wagon à bagages, en tête du convoi. Franchissez avec une extrême précaution les tampons qui relient dans certains modèles la locomotive au wagon à bagages.

Le train peut comporter plusieurs locomotives. Répétez la manœuvre pour chacune. Il est toutefois possible que la cabine de la locomotive située en tête ne soit pas accessible. Dans ce cas, rebroussez chemin jusqu'au dernier wagon du train et suivez les instructions de la p.26 : « si le train refuse de ralentir ou en cas d'accident imminent ».

4 **Actionnez toutes les commandes de sécurité dans la salle des machines, sur ou près du tableau de bord (à gauche, tout au fond de la cabine de conduite).**
Les commandes de sécurité sont clairement indiquées. Poussez les leviers à fond vers l'avant.

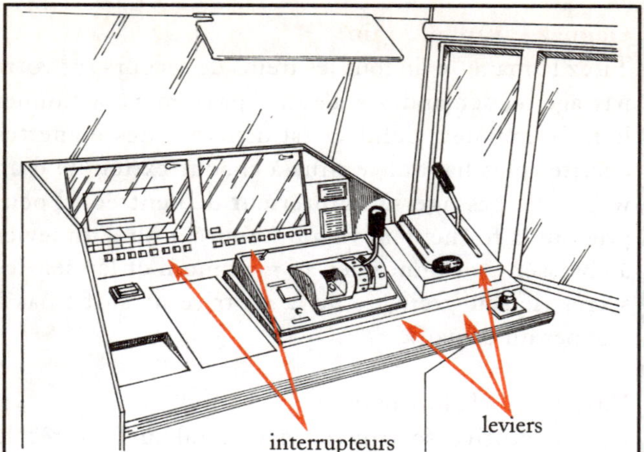

Poussez l'ensemble des leviers et manettes en avant, vers le pare-brise.

5 **Poussez tous les leviers et manettes en avant, vers le pare-brise.**

Veillez à actionner les soupapes des freins vers l'avant (le mot « frein » est en principe inscrit au bas des leviers). Actionnez rapidement tous les interrupteurs blancs (boutons pressoirs ou à coulisse) sur et autour du tableau de commandes afin de couper l'alimentation électrique du ou des moteurs.

6 **Si le train refuse toujours de ralentir, pénétrez dans la salle des machines qui doit se trouver derrière vous, sur la droite.**
Une salle des machines très bruyante indique que la locomotive est toujours « en charge », c'est-à-dire en fonctionnement.

7 **Traversez la salle des machines en longeant le bloc-moteur.**
Le bloc-moteur a une hauteur d'environ 1,50 m et ressemble à un moteur de voiture géant.

8 **Coupez le moteur en actionnant le pignon de renvoi sur arbre intermédiaire.**
Il s'agit d'un levier d'une cinquantaine de centimètres à hauteur d'épaule presque au bout du bloc-moteur. De la même couleur que le moteur, il peut être difficile à identifier. Poussez le levier à fond : le moteur va s'emballer et caler. C'est une pièce mécanique qui coupera le moteur à coup sûr.

9 **Retournez dans la cabine et actionnez l'avertisseur sonore afin de signaler votre approche – un train en marche peut mettre plusieurs kilomètres à s'immobiliser complètement.**
L'avertisseur sonore se présente soit sous la forme d'une poignée verticale de la taille de la main, soit d'un bouton sur le tableau de commandes marqué « sirène ».

Si le train refuse de ralentir ou en risque d'accident imminent

1 **Réfugiez-vous aussi calmement que possible à l'arrière du train.**

Le wagon de queue est l'endroit le plus sûr en cas d'accident. Sans provoquer de panique, invitez les autres passagers à vous accompagner en queue de train.

2 **Préparez-vous à l'accident.**

Placés le plus souvent en queue de train, les wagons-couchettes sont équipés de matelas et d'oreillers pouvant faire office de rembourrage protecteur. Asseyez-vous ou allongez-vous contre une cloison dans le sens inverse de la marche afin de ne pas être projeté en avant dans l'éventualité d'un choc. Plus vous êtes éloigné de la motrice, moins vous courez de risque.

COMMENT ARRÊTER UNE VOITURE SANS FREINS

1 **Actionnez la pédale de frein de façon répétée.**
Vous accumulerez peut-être assez de pression dans le système de freinage pour ralentir un peu et même vous immobiliser. Si votre voiture est équipée de l'ABS (système antiblocage des freins), il n'est pas normalement prévu d'actionner la pédale ainsi, mais si les freins ont lâché, cette manœuvre fonctionnera peut-être.

2 **Ne paniquez pas – détendez-vous et conduisez en douceur.**
Les voitures sont souvent capables de prendre un virage à une vitesse bien supérieure à celle dont vous avez l'habitude. Il se peut que l'arrière chasse ; tournez doucement le volant en veillant à ne pas contre-braquer exagérément.

3 **Rétrogradez au maximum en laissant agir le frein-moteur entre chaque vitesse.**

4 **Tirez le frein à main – mais allez-y mollo.**
Si vous actionnez le frein à main trop brutalement, les roues arrière vont se bloquer et la voiture partira en tête-à-queue. Exercez une traction modérée et régulière. Dans la plupart des voitures, le frein à main est actionné par un câble et sert de sécurité : il doit en principe rester

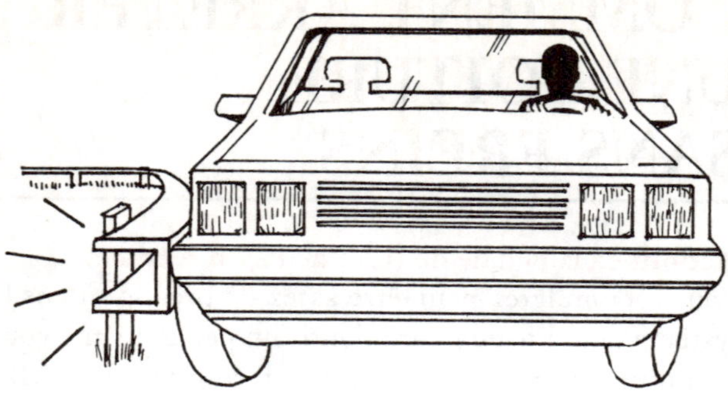

Une friction latérale contre une barrière de sécurité ou une paroi rocheuse peut aider à ralentir, mais uniquement à vitesse réduite.

opérationnel en cas de panne généralisée du système de freinage. La voiture devrait donc ralentir et, sous l'action combinée du frein-moteur, finir par s'immobiliser.

5 Si la place vient à manquer, essayez le tête-à-queue « contrôlé ».

Tirez fermement le frein à main en braquant d'un quart de tour dans la direction la plus sûre. La voiture fera demi-tour et se retrouvera en sens contraire. Si vous descendez une pente, votre véhicule pivotera dans le sens de la montée, ce qui vous permettra de ralentir.

6 Si vous avez de la place, zigzaguez en travers de la chaussée.

Des virages serrés sur toute la largeur de la route contribueront à réduire encore votre vitesse.

7 **Si vous rattrapez un autre véhicule, utilisez-le pour vous aider à vous arrêter.**

Klaxonnez, faites des appels de phare et essayez d'attirer l'attention du conducteur. Si vous touchez la voiture, assurez-vous de le faire bien de front, pare-chocs contre pare-chocs afin de ne pas l'envoyer dans le décor. Il s'agit d'une manœuvre extrêmement dangereuse : son efficacité est maximale si le véhicule qui vous précède est plus grand que le vôtre – idéalement un bus ou un poids lourd – et s'il roule à une vitesse équivalente. Évitez impérativement les véhicules roulant beaucoup moins vite ou *a fortiori* à l'arrêt : ce serait le crash assuré.

8 **Exploitez chaque élément du paysage.**

Une route plate ou qui monte qui croise la vôtre, un champ ou une barrière vous aideront à ralentir, sans pour autant vous arrêter net. Frotter le côté de la carrosserie contre un garde-fou constitue une autre option. Évitez les arbres et les poteaux téléphoniques en bois : ils sont plus résistants qu'on ne le croit !

9 **N'essayez pas de ralentir contre les voitures qui viennent en face.**

10 **Si vous n'avez toujours pas réussi à vous arrêter et foncez droit sur une falaise, essayez de percuter un obstacle qui vous ralentira avant la chute fatale.**

Cette stratégie signalera aussi l'accident à ceux qui arriveront derrière. Mais rassurez-vous, peu de falaises sont complètement à pic : avec un peu de chance, votre voiture fera une simple chute de quelques mètres avant de s'immobiliser.

COMMENT MAÎTRISER UN CHEVAL EMBALLÉ

1 **Maintenez-vous fermement en selle à l'aide des mains et des cuisses.**
La plupart des blessures surviennent quand le cavalier est éjecté, tombe ou saute de sa monture et heurte le sol ou un obstacle en dur (arbre ou poteau de clôture).

2 **Tenez le pommeau de la selle d'une main et les rênes de l'autre.**
Si vous avez lâché les rênes, agrippez le pommeau de la selle ou la crinière du cheval et attendez que l'animal ralentisse ou s'immobilise.

3 **Redressez-vous au maximum sur la selle.**
Résistez au réflexe de vous pencher en avant (particulièrement tentant si vous vous trouvez dans une zone de boisement dense) : ce n'est pas la position habituelle d'un cavalier qui ordonne à son cheval de s'arrêter (ho !) et celui-ci le sentira. Calez-vous bien droit sur la selle, les pieds un peu tendus en avant dans les étriers.

4 **Tirez et relâchez alternativement les rênes avec une force modérée.**
Ne tirez jamais brutalement ou trop fort sur les rênes d'un cheval lancé au grand galop – déséquilibré, il pourrait trébucher ou tomber. Une chute de cheval au grand galop (entre 40 et 50 km/h) représente un risque très élevé de blessure grave, voire de décès.

5 **Quand le cheval ralentit ou passe au trot, exercez une traction égale d'un côté sur un rêne afin que la tête du cheval tourne vers votre pied dans l'étrier.** Cette manœuvre fera partir le cheval en rond. Il va se lasser, sentir que vous maîtrisez à nouveau la situation et ralentir au pas.

6 **Lorsque le cheval est au pas, exercez lentement une traction régulière sur les deux rênes jusqu'à son immobilisation.**

7 **Mettez pied à terre immédiatement avant de lui laisser l'occasion de s'emballer à nouveau.** Tenez les rênes en descendant de cheval pour l'empêcher de vous rejouer le même tour.

On vous aura prévenu

- De longues rênes se balançant devant un cheval peuvent le faire trébucher. Il est donc conseillé aux cavaliers inexpérimentés de nouer les extrémités afin qu'elles ne puissent passer par-dessus l'encolure du cheval et constituer un danger supplémentaire.
- Un cheval s'emballe lorsqu'il est effrayé ou très énervé. La réaction à adopter est de garder le contrôle de la situation sans accroître l'angoisse du cheval. Parlez-lui d'une voix rassurante et flattez-lui l'encolure d'une main. Hurlements, trépignements et gestes brutaux ne feront qu'aggraver son agitation.

COMMENT AMERRIR EN CATASTROPHE

Ces instructions s'appliquent aux avions de tourisme (pas aux gros porteurs de ligne).

1 **Installez-vous aux commandes.**

Si l'avion possède des commandes doubles, le pilote sera assis à gauche. Prenez place à droite. Si l'avion n'a qu'un jeu de commandes et que le pilote est inconscient, tirez-le du siège. Bouclez avec soin votre ceinture de sécurité.

2 **Mettez le casque-radio (s'il y en a un) et lancez un appel de détresse.**

Vous trouverez un bouton sur le manche à balai (le volant de l'avion) ou un microphone de type CB sur le tableau de bord. Appuyez sur le bouton pour parler, relâchez-le pour écouter. Dites « mayday ! mayday ! » (déformation anglaise du français « venez m'aider ») et donnez votre position, votre destination et l'immatriculation de l'avion (qui doit être inscrite en haut du tableau de commandes). Si vous n'obtenez pas de réponse, essayez à nouveau sur la fréquence aéronautique d'urgence (121.5). Votre correspondant devrait pouvoir vous expliquer la procédure à suivre pour l'atterrissage. Si vos efforts demeurent vains, préparez-vous à vous en sortir par vos propres moyens.

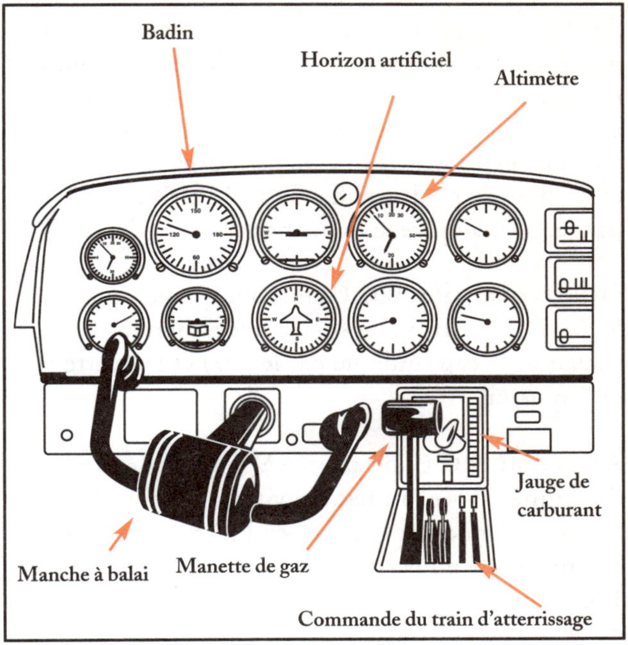

3

Prenez vos repères et identifiez les instruments de bord.

MANCHE À BALAI. C'est le volant de l'avion ; il doit se trouver devant vous. Il permet de guider l'appareil et de contrôler son altitude. Tirez sur le manche pour redresser le nez de l'appareil, poussez pour le baisser. Inclinez-le à gauche pour virer à gauche et idem à droite. Le manche à balai est très sensible – quelques centimètres suffisent à faire virer l'avion. En vitesse de croisière, le nez de l'appareil doit se situer à une dizaine de centimètres au-dessous de la ligne d'horizon.

ALTIMÈTRE. Instrument le plus important, tout au moins dans un premier temps. Il s'agit d'un cadran noir au milieu du tableau de commandes muni d'aiguilles blanches et de chiffres (avec le zéro en haut) exprimant par tranches de centaines et milliers de pieds (ou de mètres) l'altitude par rapport au niveau de la mer.

HORIZON ARTIFICIEL. Gyroscope qui comporte le dessin d'un avion en son centre et permet de visualiser le cap (indiqué par le nez) et l'assiette de l'appareil.

ANÉMOMÈTRE. Cadran situé à gauche sur le tableau de commandes exprimant la vitesse relative de l'appareil en nœuds (parfois en km/h). La vitesse de croisière d'un petit bimoteur est d'environ 120 nœuds. À moins de 70 nœuds, l'avion risque de décrocher. (1 nœud = 1,852 km à l'heure). Les arcs de couleur indiquent les vitesses à ne pas dépasser (dans des conditions extérieures normales, restez dans le vert).

TACHYMÈTRE. Cadran (non visible sur l'illustr., mais situé près de la manette de gaz) indiquant le régime du moteur en tours par minute (tpm). Les modèles plus sophistiqués peuvent posséder une jauge de pression d'admission (exprimée en pouces de mercure) indiquant la puissance développée par le moteur. S'il y en a une, utilisez-la de préférence au tachymètre (un pouce de mercure équivaut approximativement à 100 tpm).

Manette de gaz. Ce levier contrôle la vitesse, ainsi que l'assiette de l'avion par rapport à l'horizon. Placé entre le siège du pilote et celui du copilote, il est toujours noir. Tirez-le vers vous pour décélérer et faire descendre l'appareil ; si vous le poussez, l'avion accélère et reprend de l'altitude.

Carburant. La jauge de carburant se situe dans la partie inférieure du tableau de commandes. Si le pilote a suivi les réglementations en vigueur, l'avion doit avoir assez de carburant pour effectuer le vol jusqu'à la destination prévue, plus au moins une demi-heure de réserve. Certains appareils possèdent un réservoir de réserve en plus du principal, mais n'essayez pas de basculer de l'un sur l'autre. Un réservoir plein assure entre 4 heures 30 et 5 heures d'autonomie pour un petit bimoteur. Si la jauge indique la moitié, divisez le temps par deux. Sachez cependant que les jauges de carburant sur les avions sont souvent imprécises et les pilotes expérimentés ne s'y fient pas. Quel que soit le niveau indiqué, partez du principe que le carburant risque de manquer et faites en sorte de poser l'avion le plus rapidement possible afin d'éviter une éventuelle panne sèche synonyme de décrochage.

Pression d'admission. Une manette rouge sur le tableau de commandes ou entre le pilote et le copilote régule l'admission du carburant dans le moteur, et donc la vitesse. Si vous souhaitez réduire la pression, tirez-la vers vous. Poussez-la si au contraire vous voulez l'augmenter.

PILOTE AUTOMATIQUE. Les commandes du pilote automatique se situent dans le tiers inférieur du tableau de bord, en général juste à gauche ou à droite du manche. Il comporte un interrupteur on/off, ainsi que plusieurs boutons permettant de préétablir l'altitude, le cap et la vitesse.

VOLETS. Parties mobiles des ailes destinées à modifier la vitesse de l'appareil et ajuster son altitude. Du fait de leur complexité d'utilisation, les volets peuvent rendre l'avion difficile à contrôler. Évitez donc de vous en servir et contrôlez la vitesse de préférence avec la manette de gaz.

4 Si l'avion maintient son cap et son altitude, enclenchez le pilote automatique.

Appuyez sur les boutons « alt » (altitude) et « nav » (direction) jusqu'à ce que l'écran indique que le pilote automatique est mis. L'avion gardera son cap et son altitude sans votre intervention, ce qui vous permettra de vous concentrer sur vos appels radio et d'étudier vos options pour l'amerrissage.

5 Une fois votre stratégie d'amerrissage établie, déconnectez le pilote automatique et réduisez la puissance en tirant la manette de gaz vers vous.

Tirez la manette en douceur vers vous afin d'abaisser légèrement le nez de l'avion qui descendra un peu. Il vous faudra atteindre une altitude d'environ 2 000 pieds (environ 610 mètres) pour être capable de voir clairement l'eau au-dessous de vous.

6 **Quand l'altimètre indique 2 000 pieds, relevez le nez de l'appareil au niveau de l'horizon à l'aide du manche.**
Augmentez légèrement la puissance en poussant un peu la manette de gaz si vous ne remontez pas en tirant le manche vers vous.

7 **Examinez l'état de l'eau devant vous.**
Il est impératif d'amerrir sur une eau calme et d'éviter une approche face aux vagues : au contact avec l'eau, le risque serait trop grand qu'elles se brisent sur l'appareil et le submergent.

8 **Réduisez la puissance en tirant la manette de gaz vers vous.**
Ne bougez pas les volets ou ne sortez pas le train d'atterrissage qui pourrait accrocher l'eau. Amenez l'avion à une altitude de 100 à 200 pieds.

9 **Continuez à réduire les gaz en douceur jusqu'à ce que le tachymètre indique 1 500 à 1 700 tours/minute ou 15 à 17 pouces de mercure.**

10 **Relevez le nez de l'avion d'au moins 5 à 10 degrés au-dessus de la ligne d'horizon en tirant légèrement la manette de gaz vers vous.**
Il est capital de redresser le nez lors de l'amerrissage afin de garder l'hélice hors de l'eau et éviter que l'avion ne se retourne comme une crêpe. L'angle formé par le nez doit dissimuler l'horizon presque complètement.

11 **Juste avant le contact avec l'eau, assurez-vous que la manette de gaz est complètement tirée vers vous.**
À ce moment-là, l'altitude de l'appareil ne doit pas excéder 10 pieds au-dessus de l'eau.

12 **Lorsque l'avion n'est plus qu'à environ 5 pieds au-dessus de l'eau, tirez la manette de pression d'admission vers vous afin de couper l'alimentation du moteur en carburant.**
À cette altitude, naviguez à vue en observant la surface de l'eau sans vous fier à l'altimètre.

13 **Maintenez le nez levé en tirant doucement sur le manche.**
L'avion doit se poser en douceur sur l'eau. Concentrez-vous sur l'arrière qui doit toucher la surface en premier. Attention : si l'avion est équipé d'un train d'atterrissage non rétractable, celui-ci accrochera l'eau, ce qui provoquera le retournement brusque de l'appareil.

14 **Ouvrez une porte ou un hublot dès que vous touchez l'eau et dépêchez-vous d'évacuer l'appareil.**
Il vous sera peut-être difficile d'ouvrir une issue lorsque l'appareil commencera à couler. Si vous ne parvenez pas à ouvrir la porte du cockpit, défoncez le pare-brise.

15 **S'il y a des gilets de sauvetage ou un radeau de survie à bord, gonflez-les à l'extérieur de l'avion.**
Si l'avion est équipé d'une balise de détresse, celle-ci continuera d'émettre et fournira votre position aux sauveteurs.

COMMENT SURVIVRE À UN CRASH AÉRIEN

RÉDUIRE LES RISQUES D'UN CRASH

1 **Si possible, prenez un vol direct.**
La plupart des accidents surviennent au décollage et à l'atterrissage ; en limitant le nombre d'escales, vous limitez les risques, logique.

2 **Surveillez le ciel.**
Le mauvais temps est impliqué dans bon nombre d'accidents aériens. À l'approche du décollage, vérifiez les conditions météorologiques le long de votre itinéraire, en particulier aux lieux d'atterrissage. Envisagez de retarder votre vol en cas de météo défavorable.

3 **Portez des vêtements longs en fibres naturelles.**
La chaleur radiante et les brûlures (causées par un flux thermique) peuvent être évitées si vous placez une barrière entre la chaleur et vous. Évitez les fibres synthétiques (certes faciles d'entretien) : la plupart des tissus synthétiques qui ne sont pas spécifiquement traités contre le feu fondent à des températures relativement basses (150 et 200° C). Ces tissus auront en général tendance à rétrécir avant de fondre et s'ils sont en contact avec la peau à ce moment-là, les brûlures seront d'autant plus sérieuses et difficiles à traiter. Portez des chaussures fermées à semelles dures en cas d'éventuels déplacements dans la carcasse déchiquetée ou en flammes. Il arrive en effet que les survivants d'un crash soient tués ou blessés après l'impact par un incendie et ses sous-produits comme la fumée ou les émanations toxiques.

4 **Choisissez une place côté travée, dans la moitié arrière de la cabine.**
La probabilité de survie à un crash est plus élevée dans la moitié arrière de l'appareil que dans la moitié avant. Un siège côté travée permet l'évacuation la plus aisée en cas d'urgence, à moins d'être assis juste à côté d'une issue de secours : une place côté hublot juste à côté d'une issue de secours reste le choix idéal.

5 **Écoutez attentivement les consignes de sécurité et localisez les issues les plus proches.**
La plupart des survivants à un crash aérien avaient écouté les consignes de sécurité et savaient comment sortir de l'avion. Choisissez une issue en cas d'évacuation d'urgence, plus une de rechange si la première n'est pas accessible.

6 **Comptez les sièges qui vous séparent des issues au cas où de la fumée envahirait la cabine et vous empêcherait de les voir.**
Assurez-vous de comprendre le fonctionnement des portes et de savoir comment les ouvrir.

7 **Entraînez-vous plusieurs fois à déboucler votre ceinture.**
Beaucoup de passagers appuient par erreur au centre de la boucle au lieu de tirer.

Se préparer au crash

1 **Assurez-vous que votre ceinture est bien serrée et que le dossier de votre siège est complètement redressé.**

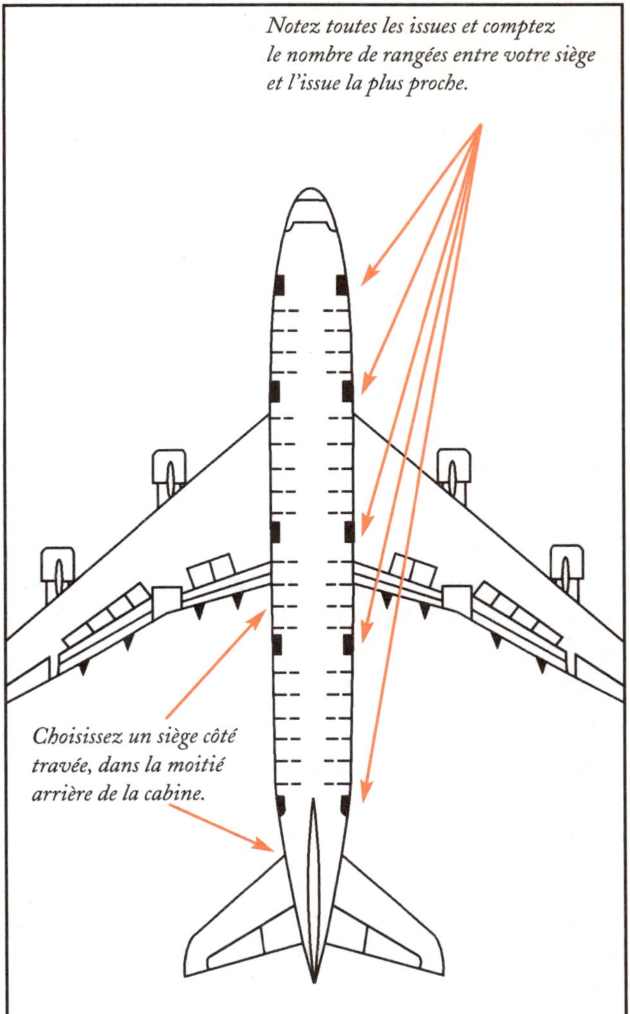
Notez toutes les issues et comptez le nombre de rangées entre votre siège et l'issue la plus proche.
Choisissez un siège côté travée, dans la moitié arrière de la cabine.

2 **Penchez-vous en avant, un bras en travers des genoux.**

3 **Placez l'oreiller sur vos genoux et maintenez votre tête calée dessus avec votre bras libre.**

4 **Tendez les jambes en avant et préparez-vous à l'impact en calant les pieds ou les genoux contre le siège devant vous.**
Si vous survolez l'eau, desserrez votre chemise (et votre cravate) afin que vos mouvements ne soient pas entravés quand vous tenterez de nager. Attendez-vous à deux chocs : d'abord l'impact de l'avion contre l'eau, puis celui du nez qui heurte à nouveau la surface…

5 **Gardez votre calme et tenez-vous prêt à agir.**
La grande majorité des survivants d'un crash aérien ont été capables de sortir par eux-mêmes ou avec l'aide d'un tiers présent dans l'avion. Il est improbable que les pompiers et secours pénètrent dans la carlingue pour vous en extraire.

6 **N'emportez rien.**
Si vous avez quelque chose dont vous ne pouvez absolument pas vous séparer, gardez-le sur vous dans une poche et pas dans votre bagage à main.

7 **Si l'avion est en feu, restez baissé.**
Suivez les procédures d'évacuation indiquées dans les consignes de sécurité. Un éclairage au sol indique le chemin à suivre jusqu'aux issues : les lampes rouges signalent les rangs où elles se situent.

Chapitre 2

LES RAPPORTS HUMAINS (OU AUTRES)

COMMENT SURVIVRE À UNE ÉMEUTE

1 **Si vous entendez parler d'émeutes ou de troubles sociaux à proximité, restez à l'intérieur.**
Éloignez-vous des fenêtres. Tenez-vous informé par la radio ou la télévision. Si vous entendez des coups de feu, essayez de localiser l'endroit de la fusillade. Utilisez le téléphone s'il fonctionne encore ou renseignez-vous auprès d'un officiel ou du directeur de l'hôtel.

2 **Si vous pensez que la crise va durer ou craignez pour votre vie, prévoyez de quitter le pays rapidement.**

3 **Déterminez le meilleur itinéraire jusqu'à l'aéroport ou l'ambassade et quittez le bâtiment par une sortie sûre.**
Avant de vous rendre à l'aéroport, assurez-vous qu'il est ouvert. Si vous ne pouvez vous rendre à l'ambassade de votre pays, rabattez-vous sur celle d'une nation alliée.

4 **Choisissez des vêtements pratiques et discrets.**
Portez une chemise à manches longues, une veste, un jean, des chaussettes, des chaussures de marche légères et un chapeau (même si vous vous trouvez dans un pays tropical ou une région chaude du globe, il peut faire assez froid dans les avions ; vous serez peut-être amené à dormir dans un aéroport ou à faire escale dans une région plus froide).

5 **Sortez dans la direction opposée aux coups de feu ou aux attroupements.**
Choisissez une issue à l'abri des regards. Il peut s'agir d'une fenêtre, d'un conduit de ventilation ou même du toit.

6 Sortez en groupe.

Surtout si vous devez traverser une zone à découvert comme le parvis d'un immeuble, une rue large ou une place, vous êtes plus en sécurité à plusieurs. Une cible multiple divisera d'autant l'attention d'un éventuel tireur embusqué qui risquera moins de passer à l'action.

7 Ne courez pas.

À moins que votre vie ne soit en danger immédiat, marchez. Un marcheur est plus difficile à détecter : l'œil humain repère plus aisément un mouvement rapide. En courant, vous risquez aussi d'échauffer les esprits et de vous faire pourchasser.

8 Si vous devez vous déplacer en voiture, soyez prêt à des manœuvres d'évitement.

Empruntez les petites rues, pas les voies de circulation principales, et soyez prêt à abandonner votre véhicule si la situation devient critique. Faites attention aux postes de contrôle, ronds-points, grands carrefours, casernes et bâtiments de police. Ne vous arrêtez sous aucun prétexte – n'oubliez pas qu'une voiture peut s'avérer une arme d'une tonne que même une foule ne peut arrêter. Si votre progression est bloquée, roulez en marche arrière.

Un conducteur fiable qui connaît la région saura circuler beaucoup mieux que vous. Si aucun chauffeur de taxi ou autre conducteur n'est disponible, engagez un autochtone qui conduira à votre place (vous serez peut-être amené à lui promettre la voiture en échange). Abandonnez votre véhicule devant l'ambassade ou l'aéroport.

Empruntez les petites rues, pas les voies principales, et soyez prêt à abandonner votre véhicule si nécessaire. Rendez-vous à un aéroport ou une ambassade amie.

Si un cocktail Molotov (récipient en verre rempli d'un liquide inflammable muni d'une mèche allumée) tombe sur votre voiture, accélérez – avec un peu de chance, la vitesse éteindra la mèche.

9 Si vous ne pouvez éviter un barrage routier, soyez prêt à négocier votre passage.

Vous serez peut-être amené à donner tout ce que vous avez sur vous en échange de votre liberté. Commencez par proposer l'argent liquide, puis seulement les objets (montre, appareil photos, bijoux).

10 Rendez-vous à une ambassade ou à l'aéroport dès que possible.

On vous aura prévenu

- Si vous êtes dans une région troublée où risque d'éclater une guerre civile, soyez prêt à une évacuation rapide. Chaque personne et membre de la famille doit avoir son paquetage de survie préparé près de la porte d'entrée. Un petit sac à dos solide est préférable à tout autre type de bagage. Il doit contenir le matériel suivant :

  LAMPE TORCHE. Prévoyez une petite torche-crayon avec des piles de rechange. Fixez-y une lentille rouge ou bleue si vous en avez une sous la main ; la lumière rouge ou bleue est plus difficile à repérer la nuit (par des tireurs embusqués ou des émeutiers).

  PETITE BOUSSOLE ET PLAN DÉTAILLÉ DE LA VILLE. Veillez à indiquer l'ambassade et les héliports sur la carte.

  CANIF. Pensez à vous munir d'un outil tranchant de type couteau suisse.

  ALLUME-FEU. Emportez des allumettes étanches ou un briquet dans un sachet plastique. Prévoyez aussi de petits sachets de ouate bien sèche, à la fois légère et très inflammable.

  SACS POUBELLE NOIRS. Utilisez-les comme abri d'urgence et pour le camouflage.

  EAU ET NOURRITURE. Prévoyez au moins 2 litres d'eau par personne. N'emportez que des aliments instantanés ou à haute teneur énergétique. Ne mangez pas à moins d'avoir de l'eau.

- Cachez sur vous, dans une pochette que vous porterez autour du cou, les objets suivants :

ARGENT. Prenez 25 $ en billets de 1 et tout votre argent en monnaie locale et répartissez le tout entre vos différentes poches et votre étui. Il servira de monnaie d'échange aux postes de contrôle. Donnez une liasse à la fois jusqu'à ce qu'il soit évident que vous n'avez plus rien. N'offrez jamais vos papiers. Cachez encore un peu d'argent dans votre pochette, mais conservez l'essentiel de votre liquide dans vos chaussettes, votre slip ou un étui de cheville.

PASSEPORT. Rangez une photocopie intégrale de votre passeport dans le compartiment principal de votre pochette où il sera aisément accessible. Gardez l'original dans un compartiment à part. Montrez la photocopie à chaque fois qu'on vous demande votre passeport. Ne donnez jamais l'original.

DOCUMENTS OFFICIELS. Les visas, numéros de téléphone, preuves de citoyenneté, certificats de naissance, etc. doivent être conservés précieusement avec votre passeport original.

BOUCHONS D'OREILLE. Les hélicoptères sont des engins très bruyants et les bouchons d'oreille en mousse sont utiles lorsqu'on veut dormir dans une zone de combats.

COMMENT SURVIVRE À UNE PRISE D'OTAGES

Les terroristes utilisent tous les moyens pour exercer leur emprise sur leurs victimes et les intimider, notamment en les ravalant au rang d'objets. Suivez les conseils ci-dessous pour éviter les mauvais traitements – ou pire.

1 **Restez calme.**

Aidez les autres autour de vous à garder leur sang-froid – n'oubliez pas que les preneurs d'otages sont en général extrêmement nerveux et sur le qui-vive. Ne faites rien qui puisse les énerver davantage. Ne leur parlez pas à moins qu'ils vous adressent la parole.

2 **En cas de coups de feu, baissez la tête et jetez-vous à terre.**

Si possible, abritez-vous, mais ne vous éloignez pas – vos ravisseurs pourraient croire que vous tentez une évasion ou une attaque.

3 **Évitez les mouvements brusques ou suspects.**

N'essayez pas de cacher votre portefeuille, passeport, billet d'avion ou autres affaires personnelles.

4 **Conformez-vous à toutes les exigences.**

La moindre hésitation de votre part peut vous faire tuer sur-le-champ ou vous valoir plus tard des représailles ou une exécution. Restez sur le qui-vive, mais n'essayez pas de vous échapper ou de jouer au héros. Si on vous ordonne de placer les mains sur la tête, de la baisser ou d'adopter une quelconque position, obéissez. Même si elle est inconfortable, ne changez pas de position de votre propre initiative. Essayez de vous détendre dans cette position – il se peut que vous y restiez un moment. Préparez-vous mentalement et émotionnellement à un long calvaire.

5 **Ne regardez jamais directement un preneur d'otages et ne relevez pas la tête à moins qu'on vous ordonne de lui parler.**

Levez toujours la main et adressez-vous aux ravisseurs avec respect. Lorsque vous répondez à une question, montrez-vous poli, mais pas soumis. Parlez d'une voix égale et posée.

6 **Ne défiez jamais un preneur d'otages.**

Ils cherchent souvent des victimes pour une exécution éventuelle. Si vous vous rebellez d'une quelconque façon, leur choix pourrait tomber sur vous.

7 **Mémorisez le signalement et le comportement des ravisseurs.**

Donnez-leur des surnoms qui faciliteront leur identification. Soyez prêt à les décrire : mémorisez leur tenue, leur accent, les traits de leur visage, leur taille – tout détail qui pourrait ensuite s'avérer utile aux autorités.

8 **Si vous êtes victime d'un détournement d'avion, sachez où sont situées les issues de secours les plus proches dans l'appareil.**

Comptez les rangées entre la sortie et vous. Dans l'éventualité d'une intervention d'urgence, de la fumée pourrait réduire la visibilité et vous devez pouvoir évacuer l'appareil le plus rapidement possible.

Ne tentez pas de vous échapper à moins de l'imminence évidente d'un massacre.

9 **Si une équipe d'intervention entre dans l'appareil, baissez-vous et restez immobile.**
Des coups de feu peuvent être tirés et tout mouvement brusque risquerait d'attirer sur vous un tir terroriste ou ami.

10 **Lors de l'intervention, soyez prêt à identifier les pirates de l'air et vous-même aux sauveteurs.**
Certains pirates de l'air pourraient tenter de fuir avec vous en se faisant passer pour des otages.

On vous aura prévenu

- Évitez d'attirer l'attention de terroristes sur vous en sortant par exemple votre passeport dans un lieu public.
- Soyez particulièrement prudent dans les aéroports, les gares ferroviaires ou routières, les halls d'hôtels et les boutiques de luxe qui attirent les touristes aisés. Si les ressortissants nationaux sont en général les premières victimes des troubles sociaux et actions de guérilla, les touristes sont de plus en plus souvent la cible d'attentats et d'enlèvements – qui vaudront à leurs auteurs une couverture médiatique plus large.

COMMENT OFFRIR UN POT-DE-VIN

1 **Si vous subissez les tracasseries d'une autorité officielle, montrez-vous amical, mais distant.**
Ne laissez paraître aucun signe d'inquiétude ou d'agacement. Demeurez calme et de bonne humeur. Essayez de déterminer s'il y a un réel problème ou si le fonctionnaire cherche juste à arrondir ses fins de mois.

2 **Ne proposez jamais ouvertement un pot-de-vin.**
Si vous avez mal interprété les intentions du fonctionnaire, vous aggraveriez votre cas pour tentative de corruption.

3 **Si vous êtes accusé d'une infraction, demandez à payer l'amende immédiatement.**
Dites que vous préférez ne pas expédier la somme par courrier ou aller payer dans un autre lieu – le paiement pourrait s'égarer. Ajoutez que vous tenez à vous assurer que l'argent aille à qui de droit.

4 **Essayez de n'avoir affaire qu'à un seul interlocuteur.**
Adressez-vous à la personne dont l'attitude laisse à penser qu'elle commande. Si vous proposez de l'argent à un subalterne en présence de son supérieur, ce dernier pourrait vous ponctionner davantage.

5 **Proposez de faire une « donation » à l'organisation à laquelle appartient le fonctionnaire.**
Dites que vous souhaitez contribuer aux frais de carburant, d'uniformes, de réparations automobiles ou autres dépenses.

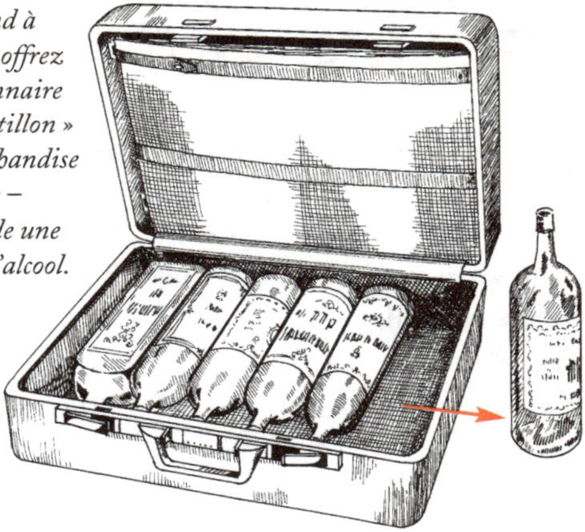

Pour régler un différend à la douane, offrez au fonctionnaire un « échantillon » de la marchandise incriminée – par exemple une bouteille d'alcool.

6 Si vous n'avez pas d'argent liquide sur vous, soyez prêt à offrir des objets.

Montres, appareils photos et autre matériel électronique sont souvent acceptés comme pot-de-vin. Envisagez aussi de proposer des objets au lieu de liquide, même si vous avez de l'argent sur vous, en particulier si le « problème » concerne les biens en question. Si un douanier vous reproche un excédent de bouteilles d'alcool, vous parviendrez peut-être à accélérer les formalités – tout en allégeant vos bagages – en lui offrant une partie des biens incriminés.

On vous aura prévenu

- Ne gardez qu'une petite somme d'argent dans votre portefeuille et cachez le reste. Vous éviterez ainsi qu'un fonctionnaire peu scrupuleux ne repère le pigeon.

COMMENT DÉJOUER UNE ARNAQUE

Il existe des escrocs de tout poil et de toute envergure. Afin de les contrecarrer, il vous faut comprendre comment fonctionnent leurs manœuvres. Voici quelques-unes des arnaques les plus courantes avec quelques conseils pour éviter d'en faire les frais.

VOL DE BAGAGE

Les dessous de la combine

Ce grand classique des aéroports nécessite deux acolytes. L'acolyte n° 1 se place devant vous dans la file du détecteur de métaux. Vous placez vos bagages sur le tapis roulant. L'acolyte n° 2 coupe brusquement la file juste devant vous. Il a beaucoup de petite monnaie et autres objets métalliques dans ses poches. Vous attendez le temps qu'il les vide et passe plusieurs fois à travers le portique du détecteur. Dans l'intervalle, l'acolyte n° 1 s'est emparé de votre sac comme s'il s'agissait du sien. Quand vous franchissez enfin le détecteur, votre sac a disparu et les deux oiseaux se sont envolés.

La parade

1 **Choisissez un sac distinctif, difficile à confondre avec un autre.**

2 **Soyez sur le qui-vive.**
Une file bien ordonnée n'est pas forcément la norme dans tous les pays. Parfois, les bousculades sont davantage tolérées, ce qui facilite la tâche des voleurs.

3 **Ne perdez jamais de vue vos biens de valeur.**
Lors du passage au détecteur, positionnez-vous de façon à avoir l'œil sur l'extrémité la plus éloignée du tapis roulant.

4 **Ne laissez personne passer devant vous dans la file une fois que vos sacs sont sur le tapis roulant.**

5 **Surveillez vos bagages et faites preuve d'assurance face aux agents de sécurité et aux douaniers.**

6 **Si vous voyagez à plusieurs, ne franchissez pas le portique tous à la suite.**
Laissez plusieurs voyageurs entre vous et confiez la plus grande partie de vos biens de valeur au dernier. Le premier surveillera le tapis roulant jusqu'à ce que le sac contenant les objets de valeur apparaisse.

COPIE DE PASSEPORT ET CARTE DE CRÉDIT

Les dessous de la combine

Quand vous présentez un chèque de voyage à un commerçant, celui-ci vous demande votre passeport pour vérifier les signatures. Il prétend qu'elles ne concordent pas et demande à photocopier votre passeport, plus une carte de crédit comme preuve d'identification. Plus tard, les informations copiées seront utilisées pour des dépenses qui seront débitées sur votre compte.

La parade

1 **Signez toujours le chèque de voyage devant le commerçant.**

Ainsi, il ne pourra prétendre que la signature est fausse.

2 **Ne permettez jamais qu'on photocopie votre passeport ou vos cartes de crédit.**

3 **Payez en liquide ou quittez le commerce immédiatement.**

MENDIANTS EN HERBE

Les dessous de la combine

De petites bandes d'enfants (de 6 à 10 en général) vous assaillent en nuée et vous réclament de l'argent ou des bonbons, tout en pressant contre vous leurs panonceaux en carton. Les cris monopolisent votre attention, tandis que le contact du carton vous empêche de sentir les petites mains qui fouillent vos poches ou vos sacs. La manœuvre ne dure pas plus de quelques secondes. Soudain, les gamins se dispersent dans toutes les directions comme une volée de moineaux, emportant leur butin. Même si vous remarquez le vol, vous n'avez aucun moyen de savoir quel enfant suivre.

La parade

1 **Si vous êtes seul et vous faites approcher par un groupe de petits mendiants, réfugiez-vous dans un endroit animé.**
Entrez dans le magasin ou restaurant le plus proche.

2 **S'il n'y a aucun refuge en vue, serrez votre portefeuille fermement dans votre main afin qu'on ne puisse vous l'arracher.**
Mieux encore, répartissez votre argent dans plusieurs poches au préalable.

3 **Faites un ramdam de tous les diables.**

On vous aura prévenu

- Si elles sont plus sûres qu'un portefeuille pour y conserver vos valeurs, une ceinture à billets ou une banane qui se fixe à la taille ne dissuaderont pas pour autant un pickpocket expérimenté. Si vous avez une banane, veillez à la porter sur le ventre et non en « faux-cul ».
- Conservez votre passeport à l'abri dans le coffre-fort de votre hôtel et munissez-vous d'une photocopie. Si vous devez voyager avec votre passeport original, fixez-le à l'intérieur d'une poche avec une épingle de sûreté.

COMMENT DÉJOUER UN ENLÈVEMENT PAR UN EXTRATERRESTRE

1 **Ne paniquez pas.**
L'entité biologique extraterrestre (EBE) pourrait sentir votre peur et avoir une réaction inconsidérée.

2 **Contrôlez vos pensées.**
Ne pensez à rien de violent ou de contrariant – l'EBE est peut-être capable de lire dans vos pensées. Essayez d'éviter les images mentales d'enlèvement (embarquement à bord d'une soucoupe, examen anal) ; vous pourriez lui donner de mauvaises idées.

3 **Résistez verbalement.**
Dites avec fermeté à l'EBE de vous laisser tranquille.

4 **Résistez mentalement.**
Imaginez-vous enveloppé d'un bouclier de lumière blanche ou dans un lieu sûr. S'il est télépathe, l'EBE comprendra peut-être le message.

5 **Résistez physiquement.**
La force physique n'est à utiliser qu'en dernier recours. Dans le doute, visez les yeux de l'EBE (s'il en a) puisque vous ignorez les parties sensibles de son anatomie.

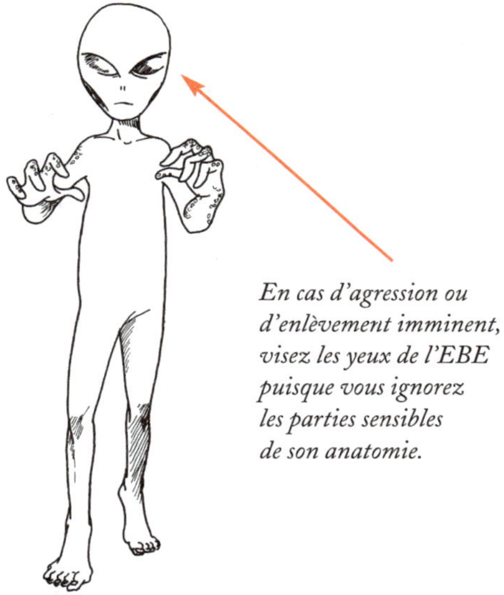

COMMENT SIGNALER L'APPARITION D'UN OVNI

1 **Gardez votre calme.**

En cas de panique ou d'excitation, vous risquez d'oublier des détails importants.

2 **Signalez l'heure précise de l'apparition, l'heure de tout changement de direction dans le vol de l'OVNI et l'heure de sa disparition.**

Si possible, utilisez un chronomètre mécanique, car la proximité d'un OVNI peut altérer le fonctionnement des instruments électroniques.

3 **Dessinez schématiquement sur le sol le trajet de l'OVNI.**
Faites une croix indiquant votre position, puis notez celle de l'OVNI au moment de son apparition. Dessinez ensuite un trait pour chaque changement de direction et marquez sa position au moment de sa disparition.

4 **Essayez d'identifier dans le paysage tout point de repère bien visible qui facilitera sa localisation.**

5 **Si vous avez un caméscope ou un appareil photo, fixez le phénomène sur la pellicule.**
Des photographies ou une vidéo n'ont pas en elles-mêmes valeur de preuve ; il est donc essentiel que les images comportent des informations de référence telles qu'un arbre, un relief, un bâtiment ou tout autre point de repère identifiable.

6 **Signalez le phénomène dès que possible.**
Contactez le GEIPAN (Groupe d'Étude et d'Information des Phénomènes Aérospatiaux Non identifiés) au CNES (geipan@cnes.fr), la Fédération Française d'Ufologie ou le Portail de l'Ufologie.com.

On vous aura prévenu

- La plupart des apparitions d'OVNI se produisent dans des zones rurales, loin de sources de lumière vive et à proximité d'installations militaires.
  Elles ont lieu le plus souvent durant les mois d'été, vers 21 heures avec un pic secondaire vers 3 heures du matin.

COMMENT RÉAGIR À UNE AGRESSION

1 **Évitez toute dispute ou lutte avec un agresseur à moins que votre vie ne soit clairement en danger.**

Si l'agresseur n'en veut qu'à votre sac, votre portefeuille ou tout autre bien matériel, n'opposez aucune résistance : votre intégrité physique est bien plus précieuse.

2 **Si vous êtes certain que votre agresseur vous veut du mal, à vous ou un proche, visez les parties sensibles de son anatomie.**

Tentez de le désarmer :

- Enfoncez-lui les doigts avec force dans les yeux.
- Flanquez-lui un bon coup de genou dans l'aine (s'il s'agit d'un homme).
- Empoignez-lui les testicules et serrez comme une grappe de raisin (même remarque que ci-dessus).
- Frappez-lui le larynx avec le pouce et l'index écartés ou le tranchant de la main, les doigts serrés et raidis comme un karatéka.
- Flanquez-lui une bonne bourrade avec le coude dans les côtes.
- Écrasez-lui les pieds de tout votre poids – bien haut, sur le coup-de-pied.

3 **Utilisez un objet comme arme.**

Dirigés contre les parties vulnérables du corps, bon nombre d'objets de la vie quotidienne peuvent constituer des armes improvisées d'une redoutable efficacité. Prenez ce qui vous tombe sous la main :

- Visez les yeux ou l'aine avec un crayon bien taillé ou un cure-dent.
- Votre trousseau de clé tenu fermement à la main peut faire office d'arme blanche ou de poing.
- Une antenne de voiture peut être utile pour cingler le visage d'un agresseur ou viser les yeux.

COMMENT PRENDRE UN VOLEUR EN FILATURE

1 **Avant de suivre un voleur présumé, appliquez-vous à modifier votre apparence.**
Ôtez votre veste, si vous en portez une, ou par exemple votre chemise si vous avez un tee-shirt en dessous ; mettez un chapeau ou des lunettes de soleil. Vous ne voudriez quand même pas que le voleur vous reconnaisse.

2 **Ne regardez jamais directement la personne que vous filez.**
Faites preuve de discrétion pour observer votre suspect. Ne croisez jamais son regard.

3 **Notez le signalement du suspect (tenue, démarche, taille et corpulence).**
Vous le repérerez plus aisément dans une foule (ou après l'avoir perdu de vue) si vous avez noté certains détails particuliers.

4 **Restez bien en retrait de la personne suivie.**
Ne marchez jamais juste derrière votre suspect. Respectez une distance d'une bonne dizaine de mètres, ou suivez-le du trottoir d'en face.

5 **Si le voleur rentre dans un magasin, ne l'imitez pas.**
Restez à l'extérieur et faites semblant de regarder la vitrine ou attendez quelques portes plus loin qu'il ressorte. S'il ne réapparaît pas rapidement, vérifiez s'il a pu filer par une porte de derrière.

6 **Une fois sûr que le voleur est arrivé à destination, prévenez les autorités.**
Affronter un ou des voleurs seul peut s'avérer risqué. Téléphonez ou demandez à un commerçant d'appeler la police. Décrivez le suspect et l'endroit où il se trouve.

On vous aura prévenu

- Les pickpockets et voleurs à la tire ont souvent recours à la même combine : afin de brouiller les pistes, ils passent leur butin à un complice immédiatement après le vol et ce dernier procède de même. Si vous en avez la possibilité, suivez le voleur initial : il n'aura plus votre portefeuille, mais avec un peu de chance, il vous conduira à celui qui le détient.

COMMENT SEMER UN POURSUIVANT

SI VOUS ÊTES EN VOITURE

1 **Assurez-vous d'être réellement suivi.**
Si vous soupçonnez une filature, observez la voiture qui vous suit tout en continuant votre route. Si la voiture s'obstine à rester derrière vous, tournez trois ou quatre fois d'affilée. Si le véhicule suspect continue à vous suivre, mettez votre clignotant dans une direction, puis tournez rapidement dans l'autre. Observez le résultat.

2 **Une fois certain d'être suivi, engagez-vous sur une autoroute ou rendez-vous dans une zone peuplée et animée.**
Ne rentrez pas tout droit chez vous et évitez les endroits déserts ou les ruelles sombres. Vous parviendrez plus aisément à semer votre poursuivant dans la circulation que sur une route déserte.

3 **Roulez à la vitesse autorisée, ou un peu au-dessous.**
Une autre voiture (pas celle de votre poursuivant) ne tardera pas à tenter un dépassement. Accélérez alors légèrement afin qu'elle demeure derrière vous. Répétez la manœuvre, mais ne ralentissez pas au point de vous faire dépasser et veillez quand même à ne pas abuser de la patience des innocents conducteurs.

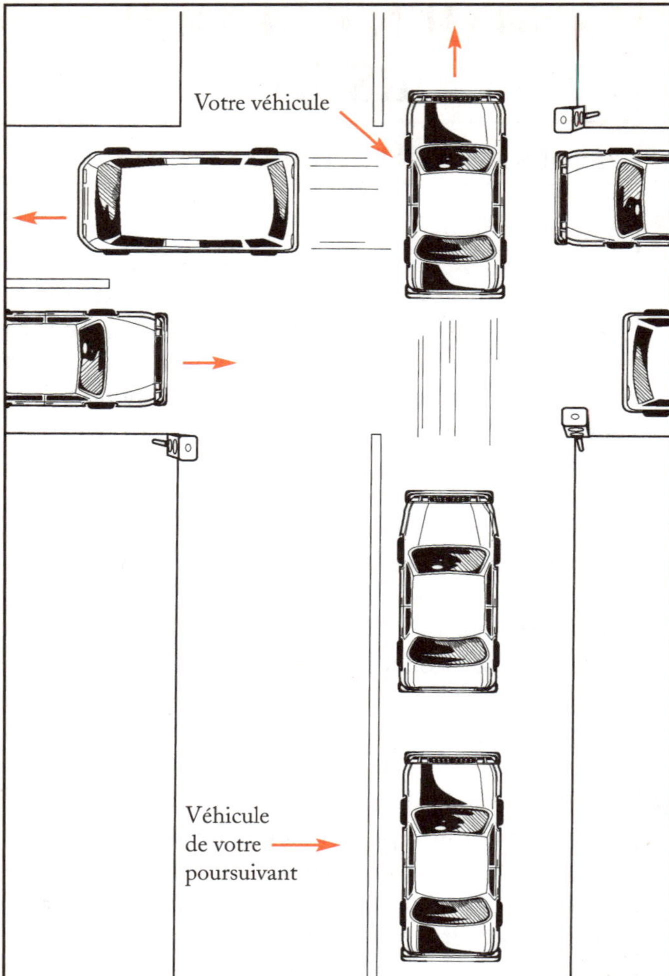

Si vous considérez que c'est sans risque, accélérez au carrefour juste à l'instant où le feu passe au rouge.

4 **Ralentissez au feu vert à un carrefour animé, puis accélérez juste à l'instant où le feu passe au rouge et franchissez l'intersection.**
La voiture qui vous suit restera peut-être coincée au feu rouge. Si vous attirez l'attention de la police pour avoir grillé le feu, il y a fort à parier que votre poursuivant quittera aussitôt les lieux.

5 **Attendez d'être entouré de voitures, puis accélérez, sortez de l'autoroute (si vous êtes sur une autoroute) et enchaînez plusieurs changements de direction afin de semer définitivement votre poursuivant.**
Votre poursuivant devrait être trop loin derrière vous pour réussir à vous suivre.

6 **Une fois hors de vue de votre poursuivant, réfugiez-vous dans un parking, un garage ou un centre commercial avec beaucoup de voitures.**

7 **Si vous n'avez toujours pas réussi à semer votre poursuivant, rendez-vous au commissariat le plus proche.**

SI VOUS ÊTES À PIED

1 **Assurez-vous que vous êtes réellement suivi et identifiez votre poursuivant.**
Suivez un itinéraire au hasard : faites des changements de direction imprévus aux intersections et retournez sur vos pas. Veillez toutefois à ne pas vous perdre. Notez le signalement de votre poursuivant (tenue, démarche, taille et corpulence).

2 Gardez un œil sur votre poursuivant, mais ne vous retournez pas vers lui.

Utilisez des surfaces réfléchissantes comme une vitrine pour observer derrière vous. Les femmes qui ont dans leur sac un poudrier à miroir s'en serviront avec profit.

3 Restez dans la foule.

Ne rentrez pas chez vous et évitez les lieux déserts ou les ruelles sombres.

4 Une fois certain d'être suivi, utilisez les trucs suivants pour filer à l'anglaise :

- Entrez dans un grand magasin, une boutique ou un restaurant et ressortez par la porte de derrière – la plupart des restaurants ont une sortie dans les cuisines.
- Achetez une place de cinéma, entrez alors que la séance a déjà commencé et ressortez aussitôt par une issue de secours avant que votre poursuivant ne pénètre à son tour dans le cinéma.
- Utilisez les transports en commun et descendez du bus ou du métro juste avant la fermeture des portes.

5 Si vous n'avez toujours pas semé votre poursuivant, rendez-vous au commissariat le plus proche ou appelez la police d'un lieu public.

Ne rentrez jamais à votre domicile avant d'être certain de ne plus être suivi.

On vous aura prévenu

- Si vous avez la certitude que votre poursuivant n'est pas dangereux, vous aurez peut-être envie d'un face-à-face dans un lieu public animé. Dites-lui que vous avez remarqué son manège et exigez une explication. Mais attention : soyez quand même sûr de votre coup.

Chapitre 3

LES DÉPLACEMENTS

COMMENT SAUTER DE TOIT EN TOIT

1 **Si vous en avez le temps, repérez les obstacles éventuels.**
Il vous faudra peut-être franchir des murets, gouttières ou autres obstacles, ainsi que le vide entre des bâtiments.

2 **Examinez le bâtiment-cible.**
Assurez-vous d'avoir assez de place pour atterrir et faire un roulé-boulé. Si le bâtiment-cible est plus bas que le vôtre, évaluez la différence de hauteur. Vous risquez une fracture des chevilles ou des jambes s'il y a plus d'un étage de différence entre les constructions. Deux étages ou plus : vous risquez une fracture de la colonne vertébrale.

3 **Évaluez la distance entre les bâtiments.**
La plupart des gens sautent au maximum 3 m en longueur, même à pleine vitesse. Si la distance qui sépare les bâtiments est supérieure, vous risquez des blessures gravissimes, voire la mort. Vous devez être en mesure de franchir la distance et d'atterrir sur l'autre toit, ou au moins, pour les plus sportifs, d'agripper un rebord de l'autre côté. Si le bâtiment-cible est plus bas, votre élan vous entraînera même durant la chute et vous franchirez sans doute une distance plus grande – mais sans doute guère plus de 3,5 m. Franchir une ruelle est envisageable, mais pas une chaussée à deux voies, soyons raisonnables.

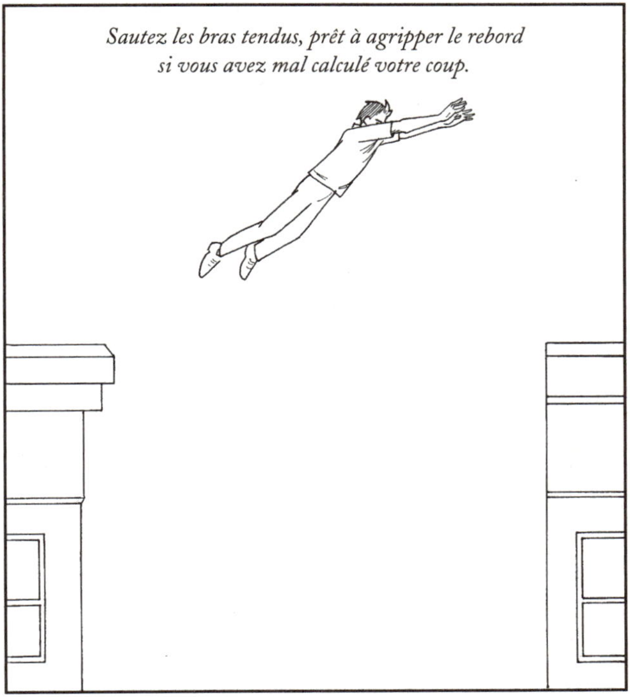

4 Déterminez l'emplacement du saut et celui de l'atterrissage.

5 Courez à pleine vitesse vers le bord.

Il faut courir aussi vite que possible pour réussir un saut de bonne longueur. Pour franchir environ 3 m, il vous faudra entre 12 et 15 m d'élan.

6 **Sautez.**

Assurez-vous que votre centre de gravité passe le bord du bâtiment-cible au cas où votre corps entier ne franchirait pas la distance prévue. Sautez les bras et les mains tendus, prêt à vous rattraper au bord.

7 **Essayez d'atterrir pieds joints, puis rentrez aussitôt la tête et faites un roulé-boulé sur les épaules (évitez la roulade avant sur la tête).**

Comme la vitesse demeure réduite, une roulade n'est pas dangereuse, à la différence d'un saut exécuté d'un véhicule en marche.

COMMENT SAUTER D'UN TRAIN EN MARCHE

1 **Gagnez l'arrière du dernier wagon.**
Si vous n'avez pas cette possibilité, vous pouvez aussi sauter des tampons entre deux wagons ou de la porte si vous parvenez à l'ouvrir.

2 **Si vous en avez le temps, attendez que le train ralentisse lorsqu'il se penche dans un virage.**
Si vous sautez et tombez correctement, vous survivrez probablement même à une vitesse élevée (110 km/h ou au-dessus), mais vous augmentez vos chances de survie si le train roule à une vitesse plus modérée.

3 **Rembourrez-vous avec des couvertures, oreillers et vêtements.**
Enfilez si possible une veste épaisse et solide. Utilisez une ceinture pour fixer un rembourrage autour de votre tête (assurez-vous quand même de bien voir). Protégez vos genoux, coudes et hanches.

4 **Choisissez votre point de chute avant le grand saut.**
L'emplacement idéal doit être relativement souple et dégagé. Évitez les arbres, les buissons et, bien sûr, les rochers ou sols caillouteux.

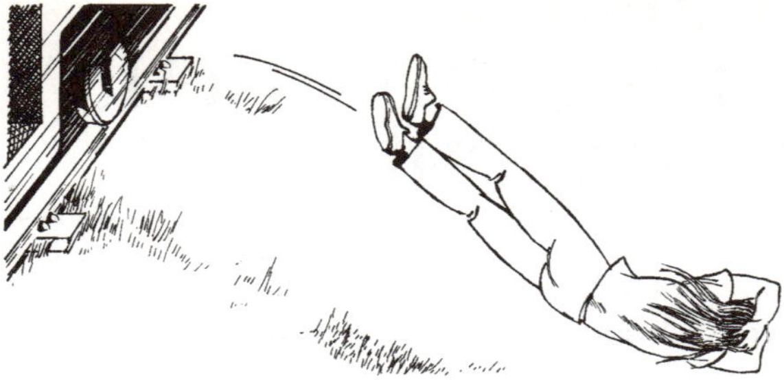

Choisissez votre point de chute et sautez aussi loin du train que possible. Protégez-vous la tête.

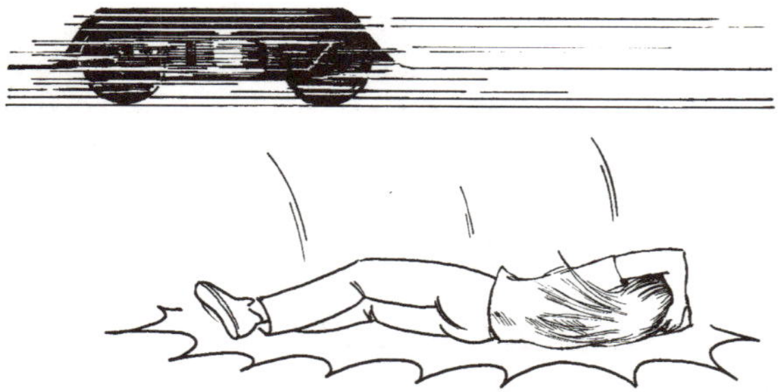

Essayez de tomber de tout votre long.

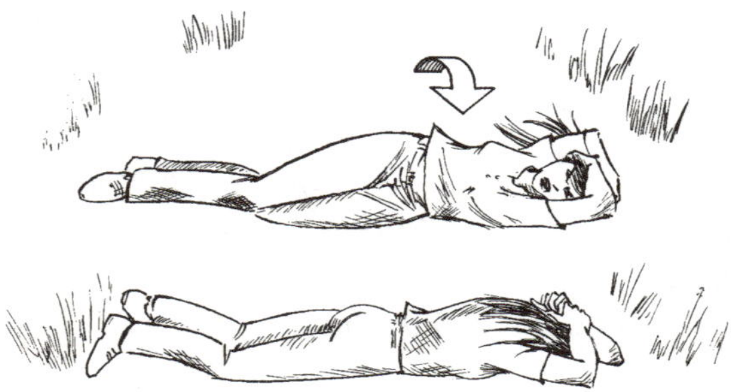

Roulez comme une bûche en vous protégeant la tête.

5 **Baissez-vous le plus près du sol possible, les genoux fléchis, pour donner le maximum de ressort à votre saut.**

6 **Sautez perpendiculairement au train, le plus loin possible.**

Même du dernier wagon, le saut doit toujours se faire à angle droit par rapport à la direction de la rame. Ainsi, votre élan ne vous entraînera pas vers les roues et la voie.

7 **Couvrez-vous la tête avec les mains et les bras, et après l'impact, roulez de tout votre long comme une bûche.**

N'essayez pas de retomber sur vos pieds. Gardez le corps bien droit et essayez de toucher le sol de tout votre long : plus la surface de l'impact sera grande, plus vous amortirez le choc. Si vous tombez sur les pieds, vous courez un risque quasi certain de fracture aux chevilles ou aux jambes. À la réception du saut, ne faites EN AUCUN CAS un roulé-boulé sur la tête.

COMMENT S'ÉCHAPPER D'UNE VOITURE EN ÉQUILIBRE AU BORD D'UNE FALAISE

1 **Ne déplacez pas votre centre de gravité et évitez tout mouvement brusque.**

2 **Déterminez le temps dont vous disposez.**
Si, comme la majorité des voitures, la vôtre est à traction avant, le moteur se trouve à l'avant : l'essentiel de son poids se situe donc à dessus de l'essieu avant. Si l'arrière dépasse dans le vide, vous avez probablement plus de temps devant vous. Si c'est l'avant, évaluez la situation. Quelle est l'inclinaison de la voiture ? Semble-t-elle en équilibre instable ? Oscille-t-elle si vous essayez de changer de place ? Si oui, agissez vite.

3 **Si les portières avant sont toujours au-dessus de la terre ferme, sortez par là quel que soit le sens de la voiture.**
Ouvrez la portière petit à petit, évitez tout mouvement brusque et descendez calmement.

4 **Si les portières avant sont au-dessus du vide, gagnez l'arrière de la voiture.**
Procédez avec lenteur, mais assurance ; tout mouvement brusque pourrait être fatal. Si vous avez un

Si les portières avant sont au-dessus du vide, gagnez l'arrière de l'habitacle et sortez.

antivol pour le volant ou un quelconque outil (par exemple un tournevis), prenez-le – vous en aurez peut-être besoin.

5 **Refaites le point.**
L'ouverture des portières arrière risque-t-elle de provoquer la chute de la voiture ? Non ? Alors ouvrez-les doucement et dépêchez-vous de descendre (attention quand même, pas de précipitation !).

6 **Si vous pensez que l'ouverture des portières arrière va provoquer la chute de la voiture, brisez la vitre.**
Sans déplacer votre centre de gravité, ni ébranler la voiture, brisez la vitre de la portière arrière à l'aide de l'antivol ou tout objet adéquat si, par chance, vous en avez un (c'est plus sûr que de casser le pare-brise arrière : vous devrez moins vous contorsionner pour sortir). Frappez la vitre au centre – en verre securit, elle ne vous blessera pas.

7 **Descendez aussi rapidement que possible.**

On vous aura prévenu

- Si vous êtes à plusieurs dans la voiture, les passagers assis à l'avant (ou à l'arrière) doivent exécuter chaque étape simultanément.
- Si les sièges avant et arrière sont tous occupés, les passagers qui se trouvent le plus près du bord de la falaise doivent tenter de sortir en premier (logique, sinon boum !).

COMMENT SE LIBÉRER DE SES LIENS

TORSE

1 **Quand vos ravisseurs entreprennent de vous ligoter, déployez votre corps au maximum (une certaine discrétion s'impose).**

- Inspirez à fond, bombez le torse et redressez les épaules en arrière.
- Pliez les bras et plaquez-les contre les liens.
- Forcez au maximum sur vos liens.

2 **Une fois les ravisseurs partis, relâchez l'air dans vos poumons et rentrez l'estomac.**

3 **Grâce à la marge de manœuvre obtenue, libérez-vous en vous tortillant.**

MAINS ET POIGNETS

1 **Forcez sur vos liens au moment où vos ravisseurs vous ligotent.**

2 **Écartez les poignets dans la mesure du possible.**

3 **Utilisez une pointe saillante (par exemple un crochet ou un pic) pour défaire vos liens.**
Ceux qui ont une dentition solide réussiront peut-être à se libérer en mordant et tirant sur les nœuds.

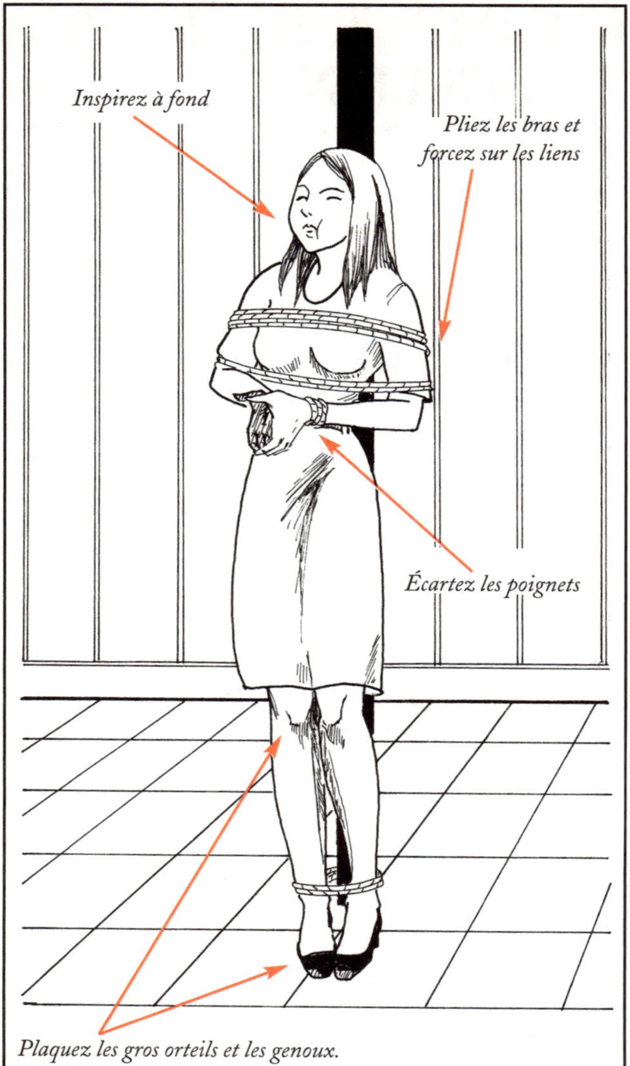
Inspirez à fond
Pliez les bras et
forcez sur les liens
Écartez les poignets
Plaquez les gros orteils et les genoux.

4 **Détendez les mains et poignets, puis libérez-vous en faisant glisser les liens distendus le long des paumes et des doigts.**

Jambes et chevilles

1 **Pendant qu'on vous ligote, forcez sur les liens avec les cuisses, genoux, mollets et chevilles.**

- Si on vous lie les chevilles, écartez-les en serrant les gros orteils et les genoux.
- Si on vous lie les cuisses ou les mollets, écartez-les en serrant les gros orteils et en tournant légèrement les jambes en dehors.

2 **Détendez les jambes et faites glisser vos liens à terre.**

Même si vos mains sont attachées, utilisez-les pour libérer vos jambes ou chevilles.

Se libérer d'un bâillon

✪ **Frottez votre visage ou votre crâne contre un mur, un meuble ou tout objet saillant afin de faire glisser le bâillon sur votre menton.**

COMMENT ENFONCER UNE BARRIÈRE

1 **Identifiez le point faible de la barrière.**
De manière générale, les endroits les plus vulnérables d'une barrière ou d'un portail sont les vantaux ou le point de fermeture. Certaines barrières n'ont pas de serrure : elles s'ouvrent et se ferment grâce à un moteur électrique ou un système magnétique qu'il est plus aisé de forcer que d'enfoncer (voir ci-dessous).

2 **Visez le point faible.**
Si possible, enfoncez le point faible avec l'arrière du véhicule – un choc à l'avant pourrait endommager le moteur et faire caler la voiture.

3 **Accélérez à une vitesse de 50 à 70 km/h.**
Une approche trop rapide causerait des dégâts inutiles au véhicule. Gardez le pied sur l'accélérateur tout au long de la manœuvre. Prenez en compte la distance dont vous aurez besoin pour faire demi-tour ou vous arrêter une fois l'obstacle franchi.

4 **Baissez-vous juste avant l'impact si l'obstacle à franchir est d'une hauteur imposante.**
Des débris de la barrière ou du portail pourraient transpercer les vitres ou faire éclater le pare-brise.

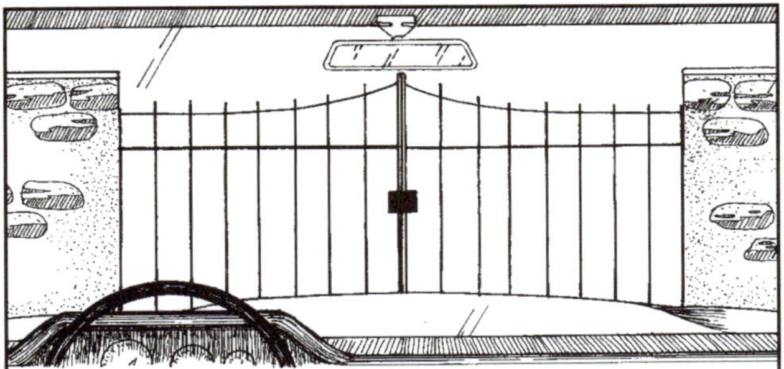

Visez le point le plus faible du portail, souvent le système de fermeture.

5 **Évitez les piliers ou poteaux ancrés dans le sol.**
Ils pourraient plier sans céder, puis racler contre le dessous de la voiture et l'abîmer au point peut-être de vous empêcher de rouler.

6 **Répétez la manœuvre autant de fois que nécessaire pour franchir l'obstacle.**

Portails électroniques

Les grilles pivotantes à mécanisme électrique (telles que celles qui ferment en général les résidences protégées ou les complexes d'immeubles) sont plus faciles à forcer qu'à enfoncer. Vous limiterez ainsi les dommages causés au véhicule et ouvrirez presque à coup sûr le portail. Si vous avancez dans le sens d'ouverture du portail, calez simplement le pare-chocs contre la grille et poussez. Votre voiture viendra aisément à bout du petit moteur électrique qui actionne le portail.

COMMENT S'ÉCHAPPER DU COFFRE D'UNE VOITURE

1 **S'il n'y a pas de cloison entre la banquette arrière et le coffre, essayez d'abaisser les sièges.**
Même si le levier actionnant la banquette arrière se trouve en général dans l'habitacle, vous devriez avoir la force de la replier de l'intérieur du coffre (sinon, passez à l'étape 2).

2 **Cherchez le câble commandant l'ouverture du coffre sous le tapis de sol ou l'habillage intérieur.**
De nombreuses voitures récentes possèdent un levier d'ouverture du coffre sous le siège du conducteur. Le câble qui relie ce levier au coffre est peut-être accessible. Vérifiez sous le tapis de sol ou l'habillage intérieur du coffre. Si vous le localisez, exercez une traction sur le câble qui actionnera l'ouverture du coffre (sinon, passez à l'étape 3).

3 **Cherchez un outil dans le coffre.**
De nombreuses voitures sont équipées d'un kit d'urgence dans le coffre, sous ou avec la roue de secours. Ce kit contient peut-être un tournevis, une torche ou tout autre outil qui vous permettra de faire levier sur le loquet du coffre. Vous pouvez aussi essayer de soulever le coin de la carrosserie afin de crier et faire signe aux éventuels passants par l'ouverture (s'il n'y a aucun outil disponible, passez à l'étape 4).

S'il y a un câble d'ouverture du coffre sous le tapis de sol ou l'habillage intérieur, tirez dessus afin d'actionner le mécanisme d'ouverture. Sinon, cherchez sous la roue de secours un outil qui puisse faire levier sur le loquet.

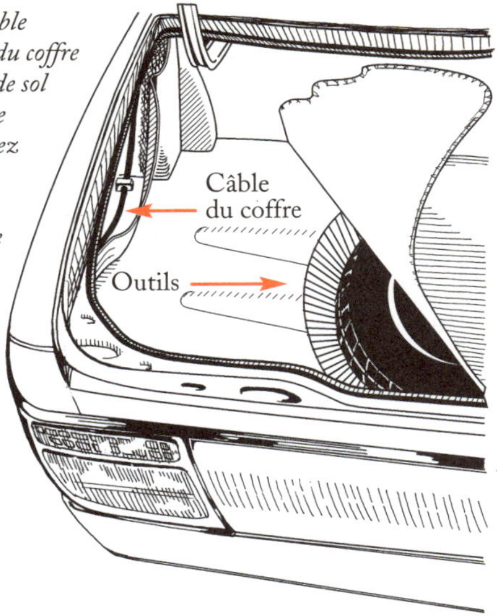

4 **Démontez le feu arrière : arrachez les fils, puis poussez ou cassez le phare.**

Faites signe et criez pour signaler votre présence à d'éventuels passants ou d'autres voitures. Cette technique est aussi recommandée si la voiture roule pour alerter les véhicules qui vous suivent.

On vous aura prévenu

- Aucun coffre de voiture n'est hermétique : le danger de suffocation est donc faible. Veillez à garder une respiration régulière et ne paniquez pas – la panique accroît le risque d'hyperventilation et d'évanouissement. N'oubliez pas toutefois que par temps chaud, la température à l'intérieur d'un coffre de voiture peut atteindre 60° C. Agissez donc rapidement, mais dans le calme.

COMMENT SURVIVRE À UNE CHUTE SUR UNE VOIE DE MÉTRO

1 **Ne tentez pas de remonter sur le quai à moins d'être certain d'en avoir le temps.**
Si une rame approche, il vous faudra agir vite.

2 **Évitez les portions de voie contre un mur signalé par une bande ou des rayures rouges et blanches.**
Cette signalisation indique que les rames passent très près de ces zones : vous n'aurez donc pas assez de place. Ces murs sont souvent percés de renfoncements à intervalles réguliers. Si vous pouvez tenir debout à l'intérieur, vous y serez en sécurité.

3 **Si les rails longent un mur, vérifiez qu'il y a assez d'espace pour se tenir entre le mur et la rame.**
Un espace de 50 ou 60 cm devrait suffire. Enlevez tout vêtement ou sac qui pourrait s'accrocher aux wagons. Plaquez-vous contre le mur sans bouger et bien droit face au train qui passera à quelques centimètres devant vous.

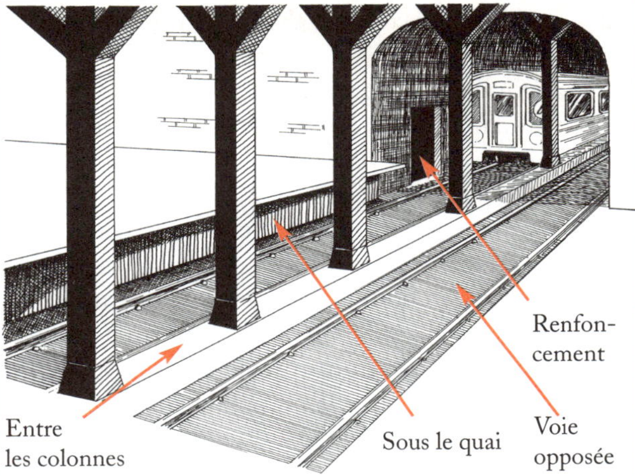

Si vous tombez sur la voie, réfugiez-vous dans ces zones.

4 **Si la voie est située entre le quai et une autre voie, il vous sera peut-être plus facile de gagner cette dernière.**

Faites attention aux rames qui pourraient survenir en sens inverse. Enjambez avec précaution le rail central assurant l'alimentation électrique – ne marchez pas sur le revêtement de protection qui pourrait ne pas supporter votre poids.

5 **Si une rangée de piliers sépare les voies, réfugiez-vous entre les piliers.**

Enlevez tout vêtement ou sac qui pourrait s'accrocher aux wagons. Au passage d'une rame, tenez-vous bien droit sans bouger, face aux rails.

6 **Vérifiez s'il y a assez de place sous le rebord du quai en béton pour éviter la rame.**
À ne faire qu'en dernier recours – cette stratégie n'est pas recommandée car tous les quais sont différents.

Alternatives

Si aucune de ces options n'est envisageable, il vous reste deux autres possibilités :

- Courez jusqu'au bout du quai en tête de rame, au-delà de l'endroit où elle doit s'arrêter.

  Comme la rame la plus proche du quai s'arrête en principe à chaque station (à la différence de celles circulant sur les voies centrales réservées au transit), vous serez en sécurité si vous courez vous réfugier au-delà de la limite du quai (Attention, il n'est pas non plus impossible qu'une rame poursuive sa route. Alors méfiez-vous quand même).
- S'il existe un creux dans le béton entre les rails, allongez-vous à l'intérieur – l'espace devrait suffire pour que la rame passe au-dessus de vous (n'ayez recours à ce refuge que dans les cas désespérés : la rame peut traîner un objet ou s'avérer plus basse que prévu).

COMMENT SURVIVRE À UNE CHUTE D'ASCENSEUR

1 **Allongez-vous bien à plat sur le sol de la cabine.**
Si tous les spécialistes ne sont pas unanimes, la plupart font cette recommandation. Cette position permet de répartir également la force de l'impact, plutôt que de la concentrer sur une zone du corps (la station debout doit de toute façon être instable). Couchez-vous au centre de la cabine.

Couchez-vous à plat au centre de l'ascenseur et protégez-vous la tête avec les mains.

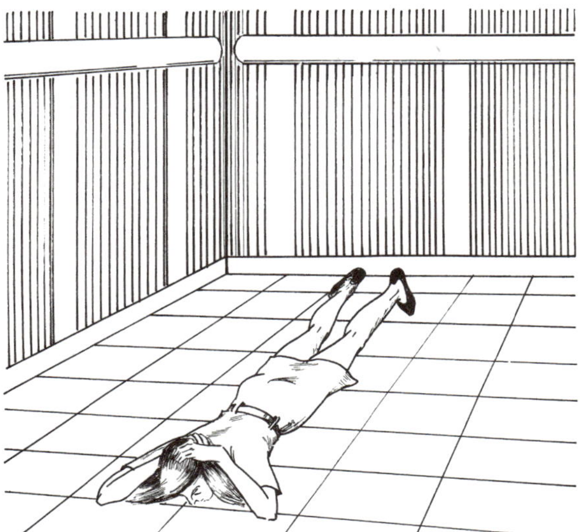

2 **Protégez-vous la tête et le visage au cas où des éléments du plafond se détacheraient.**

On vous aura prévenu

- Un ascenseur hydraulique est plus susceptible de tomber qu'un modèle à traction. Ce type d'ascenseur est poussé du bas par un piston géant, comme les ponts de levage dans les garages. Sujet à la corrosion, ce piston peut finir par accuser une certaine faiblesse susceptible de provoquer la chute de la cabine. La hauteur d'un ascenseur hydraulique étant limitée à un peu plus de 20 m, une chute libre provoquerait sans doute des blessures sans toutefois être fatale.
- Les ascenseurs sont équipés de nombreux dispositifs de sécurité. Le nombre des décès dus à des chutes d'ascenseur demeure très faible. De manière générale, il est hautement improbable qu'un ascenseur à câble (appelé aussi à traction) tombe jusqu'en bas de la cage. De plus, la colonne d'air comprimé dans la cage de l'ascenseur et les amortisseurs placés en bas sous la cabine absorberaient en partie l'impact, évitant sans doute une issue fatale.
- Sauter en l'air juste avant le choc ne constitue pas une alternative acceptable. La probabilité de sauter exactement au bon moment est infinitésimale. De plus, la cabine ne restera pas forcément intacte au moment de l'impact – elle risque de s'effondrer sur vous au beau milieu de votre saut (idem si vous êtes encore debout).

Chapitre 4

EN MILIEU HOSTILE

COMMENT SURVIVRE ÉGARÉ DANS LA JUNGLE

RETROUVER LA CIVILISATION

1 **Localisez un cours d'eau.**
De manière générale, les traces d'animaux vous mèneront à l'eau. L'eau est la clé de l'orientation dans la jungle et le plus souvent la voie de transport la plus rapide.

2 **Fabriquez un radeau improvisé (voir technique ci-contre).**

3 **Laissez-vous porter par le courant.**

4 **Déplacez-vous sur un cours d'eau uniquement de jour.**
Les alligators et crocodiles sont en principe des chasseurs nocturnes. Évitez donc de naviguer la nuit.

5 **Recherchez attentivement les signes indiquant la présence de villages ou campements.**
Dans la jungle, de nombreux villages et campements sont situés sur les rives des cours d'eau.

TROUVER DE LA NOURRITURE ET DE L'EAU

✪ **Si vous n'êtes pas équipé pour purifier l'eau (pour plus de détails, voir p. 129), coupez de grandes longueurs de lianes ou des bananiers (pour plus de détails, voir p. 128) et récoltez l'eau s'écoulant des tiges.**

Ne buvez l'eau des rivières et autres cours d'eau qu'en dernier recours, lorsque la déshydratation et la mort vous menacent. Vous aurez fort probablement droit à

Fabrication d'un radeau :

Il vous faut deux bâches ou tout autre matériau étanche, des broussailles fraîches, deux longues branches souples, de la corde ou des lianes.

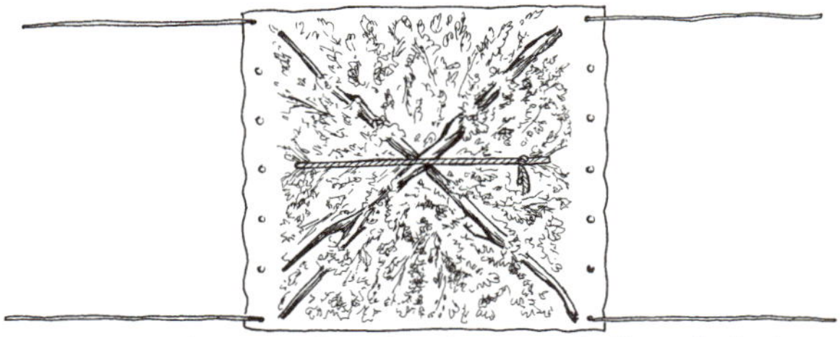

Nouez une longueur de corde à chaque angle d'une des bâches sur laquelle vous étalerez des broussailles fraîches sur au moins 40 cm d'épaisseur. Placez les branches en croix sur les broussailles.

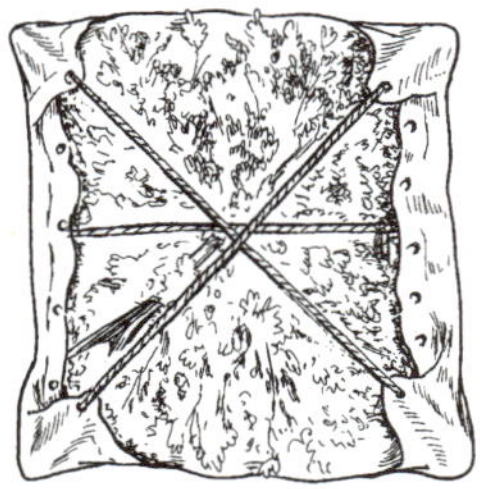

Ajoutez une autre couche de végétation de 40 cm d'épaisseur sur les branches et tassez le tout. Tirez fortement les côtés de la bâche autour de ce matelas et nouez les angles en diagonale.

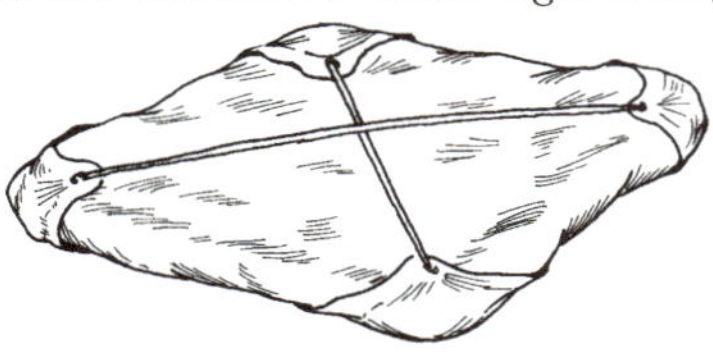

Étalez la deuxième bâche sur le sol. Placez le matelas côté ouvert contre le sol au milieu de la bâche. Attachez solidement comme indiqué sur le schéma. Utilisez le radeau les cordes vers le haut.

une bonne diarrhée, alors augmentez votre consommation d'eau et continuez votre route.

Ne mangez pas ce que vous ne pouvez peler ou cuire. Évitez les plantes au feuillage de couleurs vives ou à la sève laiteuse (bon nombre d'entre elles sont vénéneuses).

Les insectes, larves et poissons crus à écailles (évitez les espèces à piquants) sont comestibles. Cherchez les larves et insectes sous le bois en décomposition ou la végétation. Arrachez la tête et mangez-les crus. Pelez les fruits avec soin avant consommation ; la peau peut renfermer des bactéries provoquant la diarrhée.

Se déplacer à pied dans la jungle

- Marquez votre chemin à l'aide de végétation fraîche que vous casserez et retournerez. En dévoilant la face inférieure des feuilles, souvent plus claire, vous laisserez une piste facile à suivre pour le cas où vous devriez rebrousser chemin.
- Si le temps se gâte, abritez-vous. Un grand tronc creux peut souvent faire l'affaire. Tapissez le fond avec des frondes de palmier et dressez-en plusieurs autres sur l'ouverture en guise de porte. Attention : pas d'abri sous un grand arbre durant un orage à cause du risque de foudre.
- Soyez prêts à affronter les dangers de la jungle. La plupart des animaux (tels que les grands félins et les serpents) tiennent tout autant que vous à éviter une rencontre. Le véritable danger provient des créatures les plus petites : scorpions, fourmis, mouches, moustiques, sans oublier les bactéries dans l'eau et sur les fruits. La meilleure défense

contre les morsures et les piqûres consiste à regarder où on met les pieds et les mains. Les fourmis sont les reines de la jungle ; alors n'établissez pas votre campement pour la nuit juste sur leur itinéraire favori ou près d'une fourmilière. Ne touchez jamais un amphibien de couleur vive. La peau de bon nombre d'espèces, telle la grenouille dendrobate à ventre tacheté, renferme une toxine puissante qui peut rendre très malade au moindre contact.

On vous aura prévenu

- Avant un voyage dans une contrée reculée, prenez le temps de consulter au moins une carte récente. Repérez la topographie de la région, ainsi que les routes ou cours d'eau qui la traversent. Si vous vous égarez, vous devrez connaître la direction générale à prendre pour tomber sur une voie de communication qui finira, avec un peu de chance, par vous mener à la civilisation.
- Dans la jungle, la canopée peut occulter complètement le soleil, auquel cas la boussole sera votre unique moyen d'orientation. Cette luxuriante canopée empêchera aussi d'éventuels sauveteurs de vous retrouver ou même de localiser un avion après un crash. La jungle n'a rien d'une simple balade de santé dans la nature : y rester coincé, c'est s'exposer à une mort quasi certaine.
- En guise de répulsif naturel contre les insectes, pensez à la termitière. Ces nids pullulent sur le sol et dans les arbres. Ils ont la forme d'imposants monticules de terre irréguliers (sauf qu'il ne s'agit pas de terre, mais de bois digéré). Brisez le monticule et étalez la substance sur votre peau.

COMMENT S'ORIENTER SANS BOUSSOLE

MÉTHODE DE L'OMBRE ET DU BÂTON

Attention : plus vous êtes proche de l'équateur, moins cette méthode est précise.

Il vous faut :

- une montre traditionnelle à aiguilles
- un bâton d'au moins 20 cm

Hémisphère nord

1 **Plantez le bâton verticalement dans le sol afin qu'il jette une ombre.**

2 **Placez votre montre sur le sol, l'aiguille des heures parallèle à l'ombre du bâton.**

Dans l'hémisphère Nord, placez votre montre sur le sol, l'aiguille des heures parallèle à l'ombre. Dans l'hémisphère Sud, l'aiguille indiquant midi doit être parallèle à l'ombre.

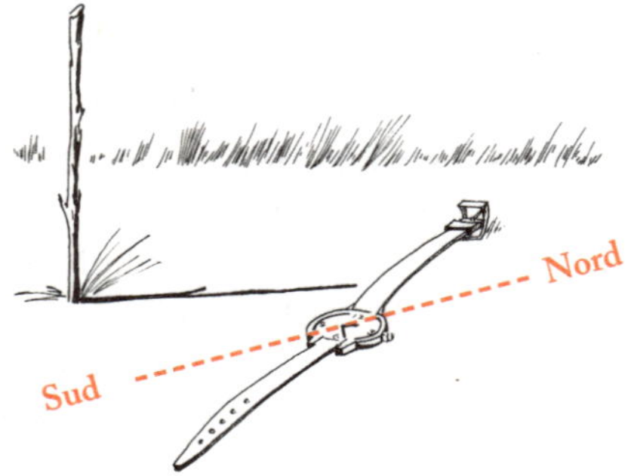

3 **Repérez le point médian sur le cadran entre l'aiguille des heures et 12 heures.**
Si votre montre est réglée sur l'heure d'été, utilisez le point médian entre l'aiguille des heures et 1 heure.

4 **À partir de ce point, tracez une ligne imaginaire traversant le centre de la montre.**
Cette ligne indique la direction nord-sud. Le soleil sera situé en direction du sud.

Hémisphère sud

Placez votre montre sur le sol, la graduation de 12 heures parallèle à l'ombre du bâton.
Déterminez ensuite le point médian entre l'aiguille des heures et 12 heures. À partir de ce point, tracez une ligne imaginaire traversant le centre de la montre. Cette ligne indique la direction nord-sud. Le soleil sera situé en direction du nord.

MÉTHODE DES ÉTOILES

Hémisphère nord

Localisez l'Étoile Polaire.
L'Étoile Polaire est située au bout de la queue de la Petite Ourse. Si vous marchez dans sa direction, vous êtes sûr de vous diriger vers le nord. Elle est facile à identifier à l'œil nu à partir de la Grande Ourse : les deux étoiles qui terminent la « casserole » indiquent presque sa direction. La distance jusqu'à l'Étoile Polaire est à peu près égale à cinq fois celle qui sépare ces deux « indicateurs ».

Hémisphère sud

Localisez la Croix du Sud.

La Croix du Sud est une constellation composée de quatre étoiles brillantes en forme de croix légèrement inclinée. Dans le prolongement du grand axe, projetez une ligne imaginaire de cinq fois cette longueur, puis tracez une verticale à partir de ce point sur l'horizon s'il est visible. La position obtenue vous indiquera le sud.

MÉTHODE DES NUAGES

Observez les nuages et déterminez leur sens de circulation.

De manière générale, les vents dominants soufflent d'ouest en est. Même si tel n'est pas toujours le cas, notamment dans les régions montagneuses, la direction des nuages vous aidera à vous orienter à « vue de nez ».

MÉTHODE DE LA MOUSSE

Trouvez de la mousse.

Ce végétal a besoin de beaucoup d'ombre et d'eau pour se développer. Le côté des troncs d'arbre exposé au nord, en général plus ombragé et humide, constitue donc son terrain de prédilection. Attention, cette méthode n'est pas infaillible – dans bon nombre de forêts particulièrement sombres et humides, la mousse tend à coloniser tout le pourtour du tronc.

COMMENT SORTIR D'UN PUITS

SI L'OUVERTURE EST ÉTROITE

Si le puits est suffisamment étroit pour remonter, utilisez la technique des varappeurs dans les couloirs-cheminées, le dos plaqué d'un côté et les pieds calés sur le côté opposé.

1 **Calez le dos contre un côté de la paroi, puis les mains et les pieds contre le côté opposé.**
Vous avez le corps en L, le dos droit et les jambes formant un angle à 90° – les semelles plaquées contre la paroi opposée. Si le puits n'est pas tout à fait vertical, mais incliné d'un côté, plaquez le dos sur la paroi la plus basse.

2 **À la force des cuisses, maintenez une pression régulière du dos et des pieds contre les parois du puits pour vous hisser vers le haut.**

3 **Placez les paumes des mains contre la paroi derrière vous, sous les fesses.**

4 **Décollez le pied droit de la paroi opposée et calez-le sous vos fesses.**
Pliez la jambe sous vous de façon à ce que la jambe gauche reste tendue sans se décoller du mur.

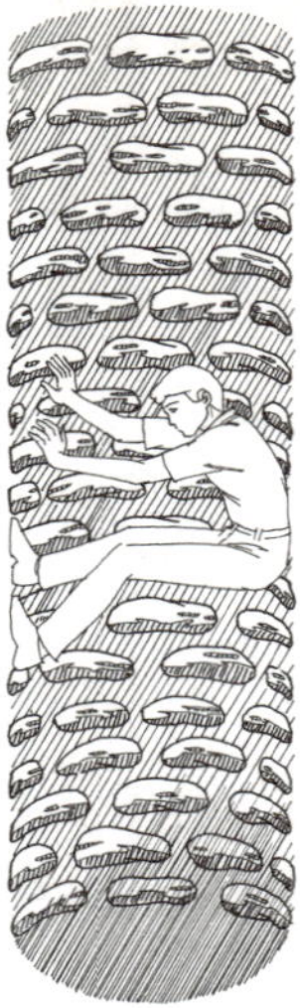

Pour sortir d'un puits à ouverture étroite :

Plaquez le dos contre une paroi, les mains et les pieds sur le côté opposé.

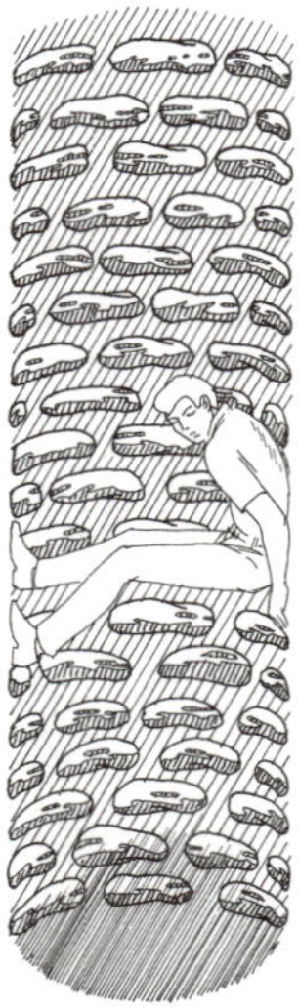

À la force des cuisses, maintenez une pression régulière et plaquez les mains sous les fesses contre le puits.

Décollez un pied de la paroi et calez-le sous vos fesses.

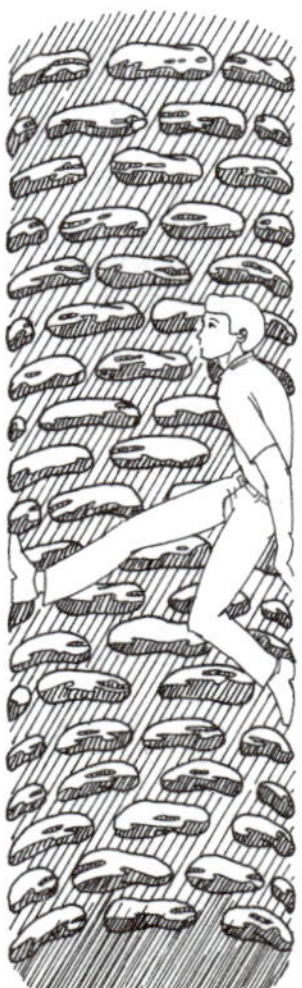

Poussez sur les mains
et les pieds.
Répétez les étapes de 1 à 4.

5 **Tout en décollant le dos de la paroi à la force des mains, poussez sur les mains et les pieds.**
Progressez par petites étapes de 20 à 30 cm.

6 **Plaquez de nouveau le dos contre la paroi et replacez le pied droit sur celle opposée, un peu plus haut que le pied gauche.**
Vous avez bien mérité une petite pause.

7 **Répétez la manœuvre en commençant par le pied gauche.**
À chaque fois, changez de pied et remontez progressivement jusqu'en haut du puits.

8 **Une fois le bord en vue, opérez un rétablissement de pro.**
Agrippez fermement le bord à deux mains, puis basculez le poids du corps en avant et hissez-vous à la force des bras comme pour des tractions. Faites passer le poids du corps sur les mains et poussez en vous aidant des pieds contre la paroi pour vous extraire du puits.

Si l'ouverture est large

Ayez recours à la technique de l'« aigle déployé » si l'ouverture est trop grande pour utiliser la technique précédente, mais vous devez être capable d'atteindre la paroi opposée avec les mains.

1 **Placez la main et le pied droits sur une paroi et le pied et la main gauches sur le côté opposé.**
Vos mains doivent être plus basses que vos épaules, les doigts vers le fond.

2 **Maintenez la pression sur les pieds à la force de vos jambes arc-boutées, le corps légèrement tourné sur la droite.**

3 **Assurez votre équilibre en poussant sur les mains.**

4 **Montez rapidement un pied d'une petite dizaine de centimètres, aussitôt suivi par l'autre.**

5 **Continuez jusqu'en haut et agrippez-vous à quelque chose de solide pour vous hisser hors du puits.**
Si vous ne trouvez aucune prise, continuez de monter jusqu'à ce que le haut du corps dépasse, puis basculez en avant et extrayez-vous du trou grâce à l'effet levier.

COMMENT S'ORIENTER DANS UN CHAMP DE MINES

1 Ne quittez pas vos pieds des yeux.

2 Immobilisez-vous – n'avancez plus d'un pouce.

3 Examinez le sol autour de vous à la recherche de pointes, détonateurs, fils électriques, protubérances ou décoloration de la terre.

4 Évitez comme la peste ces présences suspectes et reculez lentement sur vos pas.

5 Arrêtez-vous quand vous êtes certain de vous trouver en sécurité.

COMMENT IDENTIFIER ET ÉVITER LES CHAMPS DE MINES

Le moyen le plus simple pour éviter les mines est d'éviter les zones à risque (par exemple les pays venant de connaître un conflit armé). Si vous vous trouvez dans une zone à risque, suivez les conseils suivants :

- Renseignez-vous auprès de la population locale : les techniciens de déminage, les femmes et les enfants du cru (dans cet ordre) sont les meilleures sources d'information au sujet des zones dangereuses.

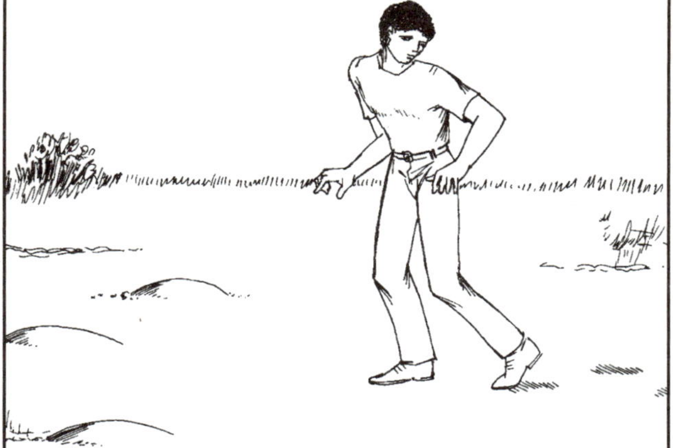

Dès que vous réalisez le danger, ne bougez plus.
Reculez lentement sur vos pas.

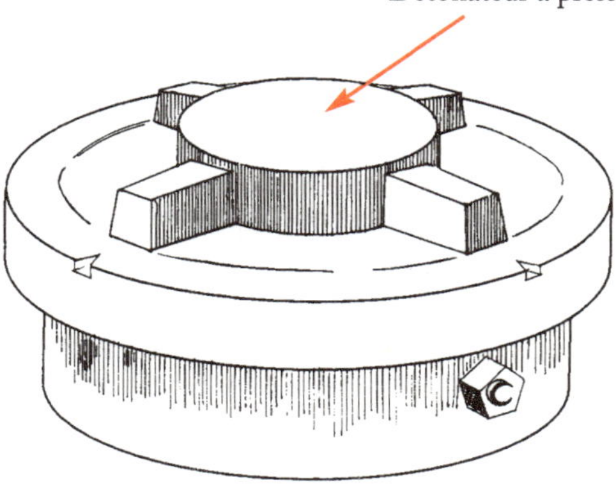

Mine terrestre à pression directe

- Observez les animaux.
  Les animaux des champs servent souvent malgré eux au déminage. Une grande quantité d'animaux mutilés dont la population ne s'approche pas peut indiquer la présence d'un champ de mines.
- Observez les déplacements des autochtones.
  Les gens qui n'empruntent pas une piste tout à fait praticable évitent sans doute une zone minée. Repérez ces itinéraires et évitez-les vous aussi avec soin.
- Regardez si la terre a été remuée.
  Des déplacements de terre ou une décoloration des champs peuvent signaler l'installation hâtive de mines.
- Attention aux fils tendus en travers d'un passage.
  Il s'agit vraisemblablement d'un détonateur relié à une mine ou un autre explosif.
- Méfiez-vous des véhicules détruits récemment ou abandonnés au bord de la route.
  Incendies de voitures et cratères sont les preuves les plus évidentes de l'explosion récente d'une ou plusieurs mines. Ne partez jamais du principe que la voie est libre parce qu'une mine y a déjà explosé.
- Évitez les broussailles ou les champs et chemins envahis par la végétation.
  Le déminage éventuel ne pourra y être clairement signalé et vous aurez plus de mal à vous y orienter.

On vous aura prévenu

- De nombreuses mines restent actives indéfiniment. N'hésitez pas à vous faire guider dans les zones à risque.
- Il existe quatre grands types de mines antipersonnelles :

MINES À FIL-PIÈGE. Une traction sur le fil relié au détonateur par le passage d'une personne déclenche l'explosion.

MINES À PRESSION DIRECTE. Il suffit de la pression d'un pied sur l'engin pour déclencher le détonateur.

MINES À RETARDEMENT. L'explosion est déclenchée automatiquement par un retardateur : il peut s'agir d'un réveil électrique ou électronique à affichage numérique, d'un produit chimique corrodant peu à peu le détonateur ou d'un simple minuteur de cuisine.

MINES TÉLÉCOMMANDÉES. Le détonateur peut être actionné par le biais d'une charge électrique dans un fil, un signal radio ou encore par un capteur de chaleur ou de son.

COMMENT ÉCHAPPER À UNE LAME DE FOND

Les lames de fond sont de puissants courants sous-marins en longues bandes étroites qui entraînent le nageur imprudent loin du rivage, vers la haute mer. Elles sont dangereuses, mais il est relativement facile de s'en extraire.

1 **Ne luttez pas contre le courant.**
La plupart des décès causés par une lame de fond sont le fait d'une noyade et non du courant lui-même. Les nageurs s'épuisent souvent à lutter contre le courant et n'ont plus la force de revenir jusqu'à la côte.

2 **Ne nagez pas vers le rivage.**
Vous affronteriez un courant puissant qui aurait vite raison de vos forces.

3 **Nagez parallèlement à la côte, en travers du courant.**
En général, une lame de fond mesure moins de 30 m de large. Il ne devrait donc pas être trop difficile de la traverser.

4 **Si vous ne parvenez pas à sortir de la lame de fond, flottez sur le dos et laissez-vous emporter vers le large jusqu'à ce que vous échappiez à l'attraction de la lame.**
Les courants de fond s'affaiblissent en principe entre 50 et 100 m du rivage.

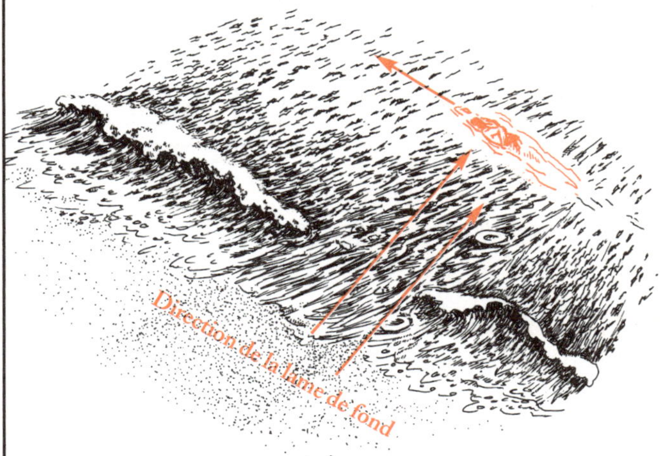

Pour échapper à une lame de fond, nagez parallèlement au rivage afin de vous soustraire à la force du courant.

5 **Lorsque la force du courant décroît, nagez parallèlement, puis en direction du rivage.**

On vous aura prévenu

- Les lames de fond sont plus fréquentes par vents violents.
- Les bandes d'eau boueuse ou sablonneuse accompagnées de débris flottants s'éloignant vers le large à travers les vagues signalent la présence de lames de fond, tout comme les zones où les vagues sont d'une hauteur réduite et les dépressions perpendiculaires à la côte dans le sable de la plage.

COMMENT SURVIVRE À UNE CHUTE DANS L'EAU GLACÉE

1 **Respirez régulièrement.**
Le choc du contact avec l'eau glacée sera brutal, mais gardez votre calme.

2 **Tournez-vous dans la direction d'où vous veniez.**
La glace y était probablement la plus solide.

3 **À l'aide des coudes, hissez-vous sur le bord du trou.**
Ne sortez pas encore. Maintenez-vous dans cette position, afin d'égoutter vos vêtements au maximum.

Tendez le bras sur la glace solide et plantez-y vos clés ou tout autre objet pouvant renforcer votre prise. Battez des pieds en vous hissant hors de l'eau.

4 **Tendez le bras au maximum sur la glace solide.**
Si vous avez des clés de voiture, un peigne, une brosse ou tout autre objet susceptible d'accrocher la surface de la glace, faites-en usage pour vous hisser hors de l'eau.

5 **Battez des pieds comme si vous nagiez le crawl et continuez tout en vous hissant hors de l'eau.**

6 **Une fois sur la glace, ne vous levez pas.**
Restez allongé et roulez à l'écart du trou. Dans cette position, le poids du corps est réparti plus régulièrement, ce qui réduit le risque de passer de nouveau à travers la glace.

COMMENT SURVIVRE DANS L'EAU FROIDE

1 **N'essayez pas de nager sauf sur une très courte distance.**
Un bon nageur a 50 % de chance de survivre à un parcours de 50 m dans une eau à 10 °C. Nagez uniquement si vous pouvez atteindre en quelques brasses la terre ferme, un bateau ou tout objet flottant (les remous de l'eau froide contre la peau d'un corps en mouvement provoquent son refroidissement rapide – 25 fois plus vite que l'air à la même température. Une eau au-dessous de 20°C peut causer une hypothermie).

2 **Si vous êtes seul et équipé d'un gilet de sauvetage, adoptez la position de survie HELP.**
Chevilles croisées, remontez les genoux sur la poitrine et croisez les bras sur la poitrine. Blottissez les mains contre le cou afin de les tenir au chaud. N'ôtez pas de vêtements. Même alourdis par l'eau, ils ne vous entraîneront pas au fond et maintiendront une couche d'eau plus chaude contre votre peau comme une combinaison de plongée. Cette position permet de réduire la déperdition de chaleur corporelle de 50 %.

3 **Si vous êtes à deux ou plus dans l'eau, tous équipés d'un gilet de sauvetage, tenez-vous chaud mutuellement.**
Par groupes de 2 à 4, blottissez-vous les uns contre les autres, torse contre torse. Les plus petits peuvent être intercalés en « sandwich » entre les plus grands. Cette position permet de maintenir la chaleur corpo-

relle. De plus, les sauveteurs repèreront plus aisément un groupe dans l'eau.

4 **Limitez vos mouvements au minimum.**
L'accroissement du rythme cardiaque accélère la déperdition de chaleur corporelle. Efforcez-vous de respirer normalement.

5 **Après le sauvetage, surveillez les symptômes d'hypothermie.**
Une élocution altérée, même sans frissons, indique une déperdition sévère de chaleur corporelle. Réchauffez-vous immédiatement.

Vous ne portez pas de gilet de sauvetage

1 **Accrochez-vous à tout ce qui flotte.**
Un morceau de bois, une glacière vide, un sac en plastique rempli d'air constituent autant d'auxiliaires de flottaison efficaces.

2 **Si aucun débris flottant n'est disponible, faites la planche en vous maintenant à flot par des gestes très lents, ou adoptez la position de survie (voir étape 2 ci-contre).**

3 **Si vous ne parvenez pas à vous maintenir à la surface, fermez le haut de votre veste ou de votre chemise et pataugez afin d'emprisonner de l'air dans le vêtement par le bas.**
Ce flotteur improvisé vous aidera à vous maintenir à la surface, mais attention : vos mouvements risquent d'accélérer la déperdition de chaleur corporelle.

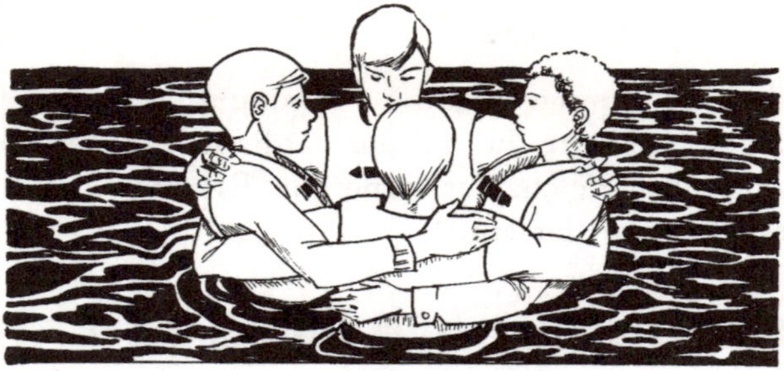

Par groupes de 2 ou 4, blottissez-vous les uns contre les autres, torse contre torse.

Traiter l'hypothermie et se réchauffer

1 **Réchauffez-vous lentement dans un bain chaud (38 à 42° C), les membres en dehors de la baignoire.**
En cas d'hypothermie, le sang froid s'accumule dans les extrémités des membres. Si vous les réchauffez avec le reste du corps, la dilatation des vaisseaux sanguins va provoquer un afflux brutal de sang vers le cœur risquant de déclencher une fibrillation ventriculaire et une crise cardiaque. Un contrôle médical s'impose.

2 **Ne massez pas les extrémités des membres.**

3 **Si vous ne disposez pas d'eau chaude, cherchez un abri à proximité.**
Faites un feu à l'intérieur – il est possible de faire un petit feu dans une grotte de neige sans provoquer une fonte significative.

4 **Donnez à la victime de l'eau sucrée, des bonbons, du thé, des tablettes de glucose ou tout autre aliment à haute teneur énergétique qui la réchaufferont et reconstitueront ses réserves caloriques.**

On vous aura prévenu

- Il peut être dangereux de tenter de réchauffer seul une autre personne par contact corporel – la déperdition de chaleur peut être trop importante avec pour résultat deux victimes d'hypothermie : à ne pratiquer donc qu'à au moins trois dans la mesure du possible. Dans deux sacs de couchage attachés ensemble par les fermetures Éclair, une personne se place de chaque côté de la victime. Parlez tous en continu afin d'aider à repérer ou prévenir toute perte de connaissance.

COMMENT SURVIVRE À UNE CHUTE DANS UNE CASCADE

1 **Inspirez à fond avant le grand plongeon.**
Une fois dans le vide, vous ne maîtriserez sans doute plus grand-chose, et l'eau peut être profonde.

2 **Sautez les pieds devant.**
Le plus grand danger d'une chute dans une cascade est de se heurter la tête sous l'eau et de perdre connaissance. Même par les pieds, le risque de fracture d'un ou plusieurs membres est non négligeable. Serrez les pieds et restez bien à la verticale.

3 **Sautez le plus loin possible du bord.**
Vous ne voudriez quand même pas vous ramasser méchamment sur les rochers juste à l'aplomb de la cascade.

4 **Protégez votre tête avec les bras.**

5 **Commencez à nager dès que vous touchez l'eau, même avant de faire surface.**
En nageant, vous ralentirez la descente.

6 **Descendez le courant afin de vous éloigner de la cascade.**
Il est essentiel d'éviter d'être piégé derrière la chute d'eau ou sur les rochers en contrebas.

*Sautez loin du bord, les pieds devant
et la tête protégée par les bras.*

COMMENT SURVIVRE À UNE ÉRUPTION VOLCANIQUE

1 **Faites attention aux projections de roches, arbres et débris.**

Si vous êtes pris au milieu d'une chute de projectiles, roulez-vous en boule afin de vous protéger la tête. Si vous êtes piégé près d'un cours d'eau, attention aux lehars (coulées de boue dévastatrices provoquées par la fonte d'une importante quantité de neige ou de

Si vous êtes pris au milieu d'une chute de débris, roulez-vous en boule afin de protéger votre tête.

glace charriant des roches, de la terre et autres débris). Réfugiez-vous en hauteur, surtout si vous entendez un grondement sourd.

2 **Si vous vous trouvez sur le passage d'une coulée de lave, écartez-vous le plus vite possible.**

Vous ne pourrez battre la lave à la course de vitesse, alors n'essayez pas de dévaler la pente à toutes jambes. Si vous êtes près d'un creux ou d'une vallée qui pourrait dévier la coulée loin de vous, essayez de vous réfugier en hauteur du bon côté.

3 **Abritez-vous à l'intérieur dès que possible.**

Si vous êtes déjà dans un abri, ne sortez pas et réfugiez-vous si possible à un étage supérieur. Fermez toutes les portes et fenêtres. Rentrez aussi les voitures et autres véhicules au garage si vous en avez le temps.

4 **Ne restez pas assis ou allongé sur le sol.**

Attention aux émissions de gaz volcaniques lors d'une éruption. Le plus dangereux est le dioxyde de carbone : inodore, il est plus dense que l'air et s'accumule au niveau du sol.

5 **Évacuez la zone, mais seulement sur ordre des autorités.**

Votre meilleure chance de survie est de quitter la zone dangereuse en voiture, mais même une voiture ne sera pas forcément assez rapide pour échapper à la lave : certaines coulées peuvent atteindre une vitesse de 150 à 300 km/h. Les cendres volcaniques pouvant encrasser rapidement le radiateur et le moteur de votre voiture, évitez de conduire sauf en cas d'évacuation.

On vous aura prévenu

Les éruptions volcaniques peuvent entraîner toutes sortes de dommages collatéraux, comme des coulées de boue, tremblements de terre, raz-de-marée, nuées ardentes et pluies d'acide sulfurique. Si vous séjournez dans une région volcanique, gardez à portée de main la panoplie de survie suivante :

- Lampe torche avec piles de rechange
- Trousse de premiers secours
- Nourriture d'urgence et réserve d'eau
- Ouvre-boîtes mécanique
- Médicaments de base
- Masques anti-poussière
- Chaussures résistantes
- Lunettes hermétiques autour des yeux (de ski ou de plongée)
- Ballon d'oxygène portable

Chapitre 5

LE GÎTE ET LE COUVERT

COMMENT SURVIVRE À L'INCENDIE DE SON HÔTEL

Dans un hôtel, prenez toujours une alerte incendie au sérieux et évacuez votre chambre selon la procédure indiquée. Si le feu est proche, suivez les conseils suivants :

1 **Touchez la poignée de porte de votre chambre avec le dos de la main.**
S'il est brûlant, passez à l'étape 2 puis directement à l'étape 5. Sinon, suivez la procédure dans l'ordre.

2 **Remplissez en partie la baignoire d'eau froide.**
Trempez-y les serviettes, gants, draps et couvertures. Si l'eau est coupée, utilisez l'eau de la chasse des toilettes. Plaquez un gant mouillé sur la bouche et le nez et couvrez-vous la tête avec une serviette ou un drap mouillés.

3 **Ouvrez la porte.**

4 **Si le couloir est envahi par la fumée, baissez-vous au maximum – de 30 à 50 cm au-dessus du sol.**
Gagnez l'issue de secours. N'empruntez jamais l'ascenseur.

5 **Si la porte ou la poignée sont brûlantes, n'ouvrez pas.**
Coincez des serviettes mouillées dans la fente au bas du battant pour empêcher la fumée d'envahir la chambre.

6 Essayez de joindre la réception ou des chambres à d'autres étages pour vous renseigner sur la situation dans le reste de l'hôtel.

7 Éteignez les ventilateurs et la climatisation qui pourraient aspirer la fumée dans la chambre, et entrouvrez la fenêtre.

Si vous ne pouvez fuir par la porte, improvisez un rideau de protection à la fenêtre avec des serviettes et draps mouillés.

Si l'incendie s'est déclaré à un étage inférieur, la fumée risque de pénétrer par la fenêtre. L'entrebâillement doit donc être minimal. Si le feu n'est pas au-dessous, ouvrez la fenêtre d'un tiers ou à moitié.

8 **Improvisez un rideau de protection à la fenêtre avec des serviettes et draps mouillés.**

À proscrire si la fumée envahit la chambre. Coincez ou attachez un côté de la serviette ou du drap en haut de la fenêtre et laissez pendre le tissu derrière vous : vous êtes ainsi protégé de la fumée et respirez l'air extérieur. Les tissus mouillés contribuent en outre à rafraîchir l'air et à le rendre plus respirable.

9 **Signalez votre présence aux sauveteurs à l'aide d'une serviette blanche ou d'une torche.**

Attendez les secours.

10 **Si l'air de la chambre devient irrespirable et que les secours n'arrivent pas, essayez de défoncer la cloison donnant sur la chambre adjacente.**

Les placards sont les endroits les plus appropriés pour ce genre d'exercice. Asseyez-vous au fond du placard et cognez sur le mur jusqu'à ce que vous entendiez un son creux (les montants des cloisons sont en général espacés d'une quarantaine de centimètres). Avec les pieds, défoncez les deux parois de la cloison sèche. Le trou obtenu peut vous permettre de mieux respirer ou même d'accéder à la chambre contiguë.

11 **Si la cloison résiste, allez à une fenêtre et étudiez la configuration extérieure du bâtiment.**
Si les chambres possèdent des balcons suffisamment rapprochés, envisagez un peu d'escalade pour atteindre un autre balcon situé au même étage. S'ils sont trop éloignés, improvisez une corde à l'aide de draps noués et descendez sur le balcon juste au-dessous du vôtre. Utilisez le nœud plat (commencez comme un nœud de lacet, puis faites une deuxième boucle, cette fois l'autre extrémité devant) et limitez-vous à un étage. N'utilisez cette option qu'en dernier recours et seulement pour tenter d'échapper à un danger immédiat ou atteindre les sauveteurs.

On vous aura prévenu

- Les échelles des camions de pompiers n'atteignent que le septième étage d'un gratte-ciel. Un détail à ne pas négliger au moment de la réservation.
- Les chambres côté cour ou piscine risquent d'être inaccessibles aux échelles de secours même au-dessous du septième étage. Réservez de préférence une chambre sur la rue.
- À votre arrivée, vérifiez que l'hôtel est équipé de détecteurs de fumée et d'un système d'extinction automatique d'incendie.
- Comptez les portes entre votre chambre et l'issue de secours la plus proche. Une précaution utile pour sortir en toute sécurité lorsque la fumée réduit la visibilité.
- Conservez la clé de votre chambre à un endroit aisément accessible dans le noir.
- Ne sautez jamais d'une hauteur supérieure à deux étages ou vous risquez d'y laisser votre peau.

COMMENT TROUVER DE L'EAU SUR UNE ÎLE DÉSERTE

1 **Collectez l'eau de pluie dans tout récipient à votre disposition.**

Bol, assiette, mais aussi casque, vêtements imperméables ou même radeau de survie – les récipients improvisés ne manquent pas. Dans les environnements très secs, de la condensation se forme sur certaines surfaces la nuit. Utilisez une bâche – façonnée en creux – ou tout autre matériau imperméable pour capter l'eau.

2 **Collectez la rosée.**

Nouez des chiffons ou des touffes d'herbe fine autour

Nouez des chiffons autour de vos chevilles pour collecter la rosée.

de vos chevilles et marchez dans l'herbe ou le feuillage au lever du soleil. La rosée imbibera ces capteurs improvisés que vous pourrez ensuite tordre au-dessus d'un récipient.

3 Prenez de la hauteur.

Une île dont le littoral apparaît aride et désolé peut révéler un intérieur montagneux et verdoyant, signe de la présence de cours d'eau douce et de criques. Laissez-vous simplement guider par la végétation. Ne gaspillez pas trop d'énergie à parcourir des distances insensées à moins d'être à peu près sûr de trouver de l'eau (la végétation verdoyante doit donc être aisément accessible).

4 Allez à la pêche.

Les yeux des poissons contiennent un liquide potable, tout comme leur épine dorsale (sauf chez les requins). Sucez les yeux et détachez l'arête dorsale avant d'en boire la réserve d'eau. La chair des poissons renferme également d'autres jus – mais elle est riche en protéines dont la digestion exige beaucoup d'eau. Mieux vaut donc presser le poisson cru dans un vêtement ou une bâche afin d'en extraire le jus.

5 Cherchez les fientes d'oiseaux.

Dans les régions arides, les excréments d'oiseaux autour d'une fissure de rocher peuvent indiquer la présence d'une source d'eau douce à laquelle ils ont l'habitude de s'abreuver. Enfoncez un chiffon dans la fente, puis essorez-le au-dessus d'un récipient ou de votre bouche.

6 Cherchez les bananiers.

Coupez le tronc en laissant une souche d'environ 30 cm de hauteur. Évidez le cœur de la souche en forme de coupelle. L'eau va remonter des racines par capillarité pendant environ quatre jours. Les trois premières collectes auront un goût amer, mais l'amertume s'atténuera avec les suivantes. Couvrez la souche pour la protéger des insectes.

On vous aura prévenu

- Ne buvez pas d'eau de mer ; sa haute teneur en sel peut provoquer une insuffisance rénale. De plus, l'organisme a besoin de deux litres d'eau pour éliminer les déchets d'un litre d'eau de mer. Dans les cas extrêmes, buvez moins de 10 cl d'eau de mer par jour ; ce n'est pas sain, mais cela peut vous sauver la vie.
- L'eau de pluie collectée dans un récipient est en général consommable, à condition que le récipient soit propre et que l'eau ne stagne pas ; l'eau stagnante favorise la prolifération de bactéries.

COMMENT PURIFIER L'EAU

Il existe quatre techniques pour obtenir de l'eau potable dans la nature : la filtration, le traitement chimique, l'ébullition et la distillation.

FILTRATION

Toutes les sources d'eau douce dans la nature peuvent se filtrer : torrent de montagne, source, rivière, lac ou mare.

1 **Trouvez ou fabriquez votre filtre.**
Les filtres à café, serviettes en papier, papier machine ordinaire ou même un vêtement peuvent faire office de filtre à eau (plus le tissage est fin, mieux c'est). Vous pouvez aussi improviser un filtre efficace en alternant dans une chaussette des couches de charbon de bois broyé, graviers et sable.

2 **Passez l'eau dans le filtre.**
Répétez plusieurs fois l'opération afin d'éliminer au mieux les impuretés.

On vous aura prévenu

- La filtration n'élimine que certaines impuretés de l'eau. Elle ne tuera pas les bactéries et autres micro-organismes. La méthode idéale est de d'abord filtrer l'eau, puis de la stériliser par traitement chimique ou de la faire bouillir.

Purification chimique

1 **Versez deux gouttes d'eau de Javel par litre d'eau.**
Utilisez trois gouttes si l'eau est très froide ou trouble.

Ou

Utilisez un comprimé d'iodine ou cinq gouttes d'iodine en solution (à 2 %) par litre d'eau.

2 **Mélangez bien l'eau et le produit purifiant et laissez reposer au moins une heure.**
Les purificateurs chimiques élimineront les micro-organismes ; plus l'eau repose, mieux c'est. La méthode la plus sûre consiste à attendre toute une nuit.

Distillation

Grâce à un alambic solaire, c'est un jeu d'enfant de capter sous forme de condensation l'eau contenue dans le sol. Voici comment fabriquer le vôtre :

1 **Creusez un trou d'environ 40 cm de profondeur et assez large pour contenir un récipient.**

2 **Placez le récipient propre au fond du trou, au centre.**

3 **Couvrez le trou d'une feuille de plastique.**
Une bâche ou un morceau de sac poubelle feront très bien l'affaire.

4 **Fixez les bords du plastique sur le sol avec des piquets ou des pierres afin que l'air ne puisse s'échapper.**

5 **Percez un trou de 0,5 à 1 cm au centre de la bâche et lestez-la avec une petite pierre placée à côté du trou pour lui donner la forme d'un cône inversé.**
Assurez-vous que le trou soit bien au-dessus du récipient, mais sans le toucher.

6 **Il n'y a plus qu'à attendre.**
La chaleur du soleil va provoquer l'évaporation de l'eau dans le sol qui va se condenser sur le plastique et couler dans le récipient. Si la quantité d'eau ainsi obtenue demeure limitée (env. 50 cm^3 par jour), elle est néanmoins immédiatement consommable. Le processus peut durer de quelques heures à une journée entière selon la quantité d'eau dans le sol et la force du soleil.

ÉBULLITION

Faites bouillir l'eau au moins une minute, plus une minute de plus par tranche de 300 m au-dessus du niveau de la mer.
Si le carburant est abondant, faites bouillir l'eau de boisson 10 minutes. Une ébullition prolongée tue davantage de micro-organismes. Toutefois, au delà de 10 minutes, l'efficacité maximale est atteinte. N'oubliez pas de laisser refroidir l'eau avant de la boire.

COMMENT CONSTRUIRE UN ABRI DANS LA NEIGE

CONSTRUIRE UNE TRANCHÉE

1 **Tracez la tranchée de façon à ce que l'ouverture soit perpendiculaire aux vents dominants.**
L'espace doit être suffisant pour que vous puissiez y tenir à l'aise allongé sans toucher les côtés et le fond. Prévoyez une profondeur minimale qui permettra de conserver la chaleur corporelle.

2 **À l'aide d'une pelle improvisée, creusez la tranchée avec une extrémité plus large et aplatie pour la tête.**
Une casserole ou un long morceau de bois plat feront parfaitement office de pelle.

3 **Couvrez la tranchée d'une couche de branchages, puis ajoutez une bâche plastique ou toute autre protection similaire et finissez par une fine couche de neige.**
Improvisez une « porte » avec un sac à dos, des blocs de neige ou tout autre matériau capable d'assurer une certaine ventilation tout en protégeant des effets réfrigérants du vent.

Construire une grotte de neige

1 **Trouvez une congère haute et épaisse le long d'une pente abritée.**

Prévoyez de placer l'ouverture à la perpendiculaire des vents dominants.

2 **Creusez un étroit tunnel dans la pente (vers le fond), légèrement incliné vers le haut.**

La grotte doit être assez grande pour vous allonger à l'aise sans toucher le fond, les côtés ou le plafond.

Creusez une grotte dans la congère, à la perpendiculaire des vents dominants.

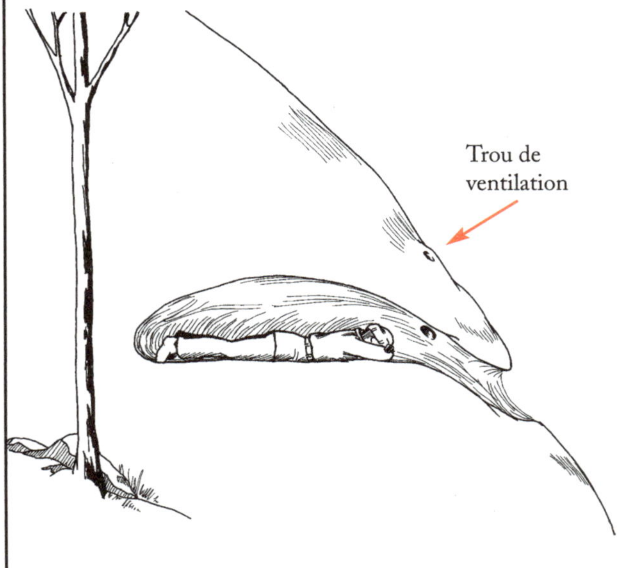

3 **Façonnez un plafond légèrement voûté.**
Un plafond plat n'aurait pas la résistance nécessaire et risquerait de s'effondrer avant que vous ayez fini de creuser. Le toit doit avoir au moins 30 cm d'épaisseur. Si vous distinguez une lumière bleu-vert (le soleil en transparence) à travers le toit, il est trop fin.

4 **Percez un petit trou de ventilation dans le toit.**
Ce trou permettra l'arrivée d'air frais et l'évacuation de l'oxyde de carbone produit par la respiration ou la combustion d'une petite bougie. N'utilisez pas de source de chaleur plus importante : le plafond ruissellerait et perdrait sa résistance.

Construire un Quin-Zhee

Si la neige est peu profonde et que vous avez beaucoup de temps et d'énergie, édifiez un Quin-Zhee. Il s'agit d'un abri en neige inventé par les Indiens Athabascans qui vivent principalement au Canada et en Alaska.

1 **Constituez un très grand monticule de neige bien tassée.**
Le monticule doit vous permettre de vous asseoir ou vous allonger confortablement une fois l'intérieur creusé.

2 **Attendez une heure que la neige se consolide.**

3 **Creusez et façonnez une grotte de neige.**

On vous aura prévenu

- Préférez toujours une construction existante ou un véhicule à la construction d'un refuge en neige. Si aucun n'est disponible, cherchez un abri naturel qui vous protégera des éléments et de la déperdition de chaleur corporelle : grotte, arbres à terre, saillie rocheuse.
- Si vous ne pouvez rester sec en construisant l'abri, ou vous sécher après, laissez tomber ! Déplacer de la neige en quantité suffisante pour abriter même une seule personne est un travail fatigant et tout contact de votre peau ou de vos vêtements avec la neige accélérera la déperdition de chaleur corporelle.
- Pour construire un abri, la neige la plus ancienne est plus facile à travailler car elle se consolide avec le temps.
- La neige est un excellent isolant phonique. De l'intérieur d'un abri, vous n'entendrez probablement pas les sauveteurs ou un avion. Signalez votre présence de façon visible aux secours (par exemple une bâche, les mots « SOS » ou « HELP » écrits avec des morceaux de bois).
- Quel que soit l'abri, isolez-vous du sol ou de la neige. Empilez une couche par exemple d'aiguilles de pin ou tout autre matériau naturel souple que vous pourrez trouver sur une épaisseur d'au moins 30 cm (votre poids les tassera considérablement).
- À l'intérieur, votre chaleur corporelle et l'air chaud exhalé maintiendront une température vaguement confortable.

COMMENT SURVIVRE À UN TSUNAMI

Mot japonais signifiant « vague de port », le tsunami est une série de lames océaniques capables de parcourir de très longues distances. Elles sont provoquées par des phénomènes géologiques comme les tremblements de terre, éruptions volcaniques sous-marines et glissements de terrain. Elles peuvent se former à des centaines, voire des milliers de kilomètres du lieu de la catastrophe et atteindre de hauteurs de 15 à 30 m (les tsunamis sont souvent confondus avec les raz-de-marée, phénomène tout à fait différent lié aux forces gravitationnelles des marées).

1 Si vous êtes près de l'océan, soyez attentif aux signes avant-coureurs d'un tsunami :

- Augmentation ou baisse du niveau de la mer
- Tremblements du sol
- Grondement sourd et continu

2 Si vous êtes en bateau au milieu d'un petit port et êtes prévenu à temps de l'arrivée d'un tsunami, ne restez surtout pas là.

Votre première réaction doit être d'accoster au plus vite et de vous réfugier en hauteur. Vous avez aussi le choix de vous éloigner le plus possible vers la haute mer, loin de la côte où votre embarcation pourrait être drossée contre les quais ou les rochers. Les tsunamis provoquent des dégâts quand ils arrivent dans des eaux moins profondes où les vagues gagnent en force et en amplitude. En eau profonde, les tsunamis ne sont parfois pas même ressentis.

3 **Si vous êtes sur la terre ferme, évacuez aussitôt vers les hauteurs.**

La vitesse d'un tsunami dépasse celle d'un homme qui court. Éloignez-vous de la côte le plus vite possible.

4 **Si vous vous trouvez dans un immeuble (chambre d'hôtel ou appartement) en front de mer et n'avez pas le temps d'évacuer, réfugiez-vous dans les étages supérieurs.**

Les étages supérieurs d'un immeuble offrent un abri sûr contre un déferlement d'eau.

On vous aura prévenu

- La première vague d'un tsunami peut ne pas être la plus grosse de la série.
- Les tsunamis peuvent remonter les rivières et les cours d'eau se jetant dans l'océan.
- Les inondations provoquées par un tsunami peuvent s'étendre sur 300 m ou plus à l'intérieur des terres, noyant d'immenses surfaces sous des tonnes d'eau et de débris.

COMMENT SURVIVRE À UNE TEMPÊTE DE SABLE

1 **Mouillez un bandana ou tout autre tissu et placez-le sur votre nez et votre bouche.**

2 **Enduisez l'intérieur de vos narines d'une fine couche de vaseline.**

Ce lubrifiant contribuera à minimiser le dessèchement des muqueuses.

Portez un bandana ou tout autre tissu mouillé sur le nez et la bouche afin d'éviter d'inhaler des particules de sable.

3 **Règle d'or pour les groupes : ne jamais se séparer.**
Tenez-vous bras dessus, bras dessous, ou utilisez une corde pour éviter d'être séparés durant la tempête et ne pas perdre en route des membres du groupe qui pourraient se blesser.

4 **Si vous êtes en voiture, arrêtez-vous sur l'accotement le plus loin possible de la route.**
Éteignez vos phares, coupez le contact et tirez le frein à main. Assurez-vous surtout que les feux arrière sont éteints. Il est déjà arrivé qu'induits en erreur, des conducteurs approchant par l'arrière quittent la chaussée et percutent une voiture garée sur le bas-côté. Inutile de tenter le diable.

5 **Prenez de la hauteur.**
Les grains de sable se déplacent à la surface du sol essentiellement par saltation, c'est-à-dire en soubresauts successifs. Comme le rebond sur l'herbe, la terre ou le sable reste limité, monter même juste d'un mètre sur un terrain solide peut faire la différence. Toutefois, les tempêtes de sable peuvent parfois s'accompagner d'orages violents, alors attention à la foudre : si vous entendez le tonnerre ou voyez un éclair durant une tempête de sable, évitez les hauteurs.

On vous aura prévenu

- À chacun de vos séjours dans une zone à risque (en gros tous les coins où il y a beaucoup de sable et de vent), portez la panoplie obligatoire : pantalon, chaussettes et chaussures. En effet, l'effet abrasif du sable se déplaçant à grande vitesse risque davantage de « brûler » le bas des jambes et les pieds que le haut du corps.

COMMENT PÊCHER SANS CANNE À PÊCHE

1 **Choisissez le coin du connaisseur.**
De manière générale, les poissons se regroupent à l'ombre, près des berges des lacs, rivières et cours d'eau.

2 **Trouvez une branche fourchue à une extrémité longue d'environ 60 cm (les deux extrémités doivent être souples et mesurer environ 30 cm).**
Coupez-la ou cassez-la de préférence sur un jeune arbrisseau.

3 **Ployez les extrémités et nouez-les ensemble.**
Vous obtenez ainsi la forme circulaire d'une épuisette.

4 **Ôtez votre chemise ou tee-shirt.**

5 **Faites un nœud dans le vêtement juste sous les trous des bras et du cou.**

6 **Glissez les branches nouées dans la chemise et fixez le tissu solidement sur le cadre.**

7 **Bonne pêche !**

Alternative

Vous pouvez aussi essayer de harponner les gros poissons avec un épieu (une branche taillée en pointe à une extrémité). Cette technique est plus efficace la nuit, quand les poissons montent à la surface.

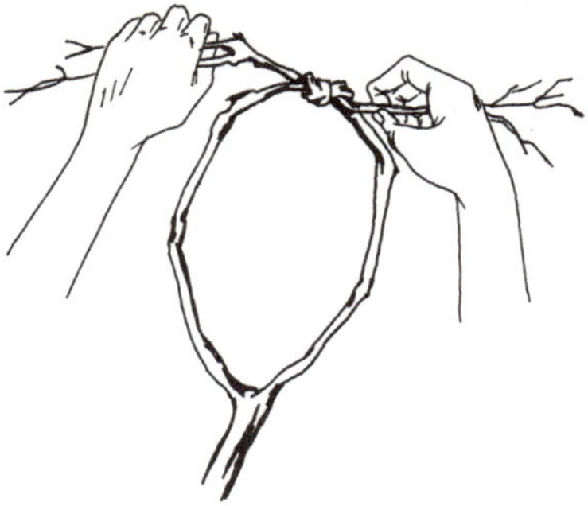

Trouvez une branche fourchue. Nouez les extrémités souples.

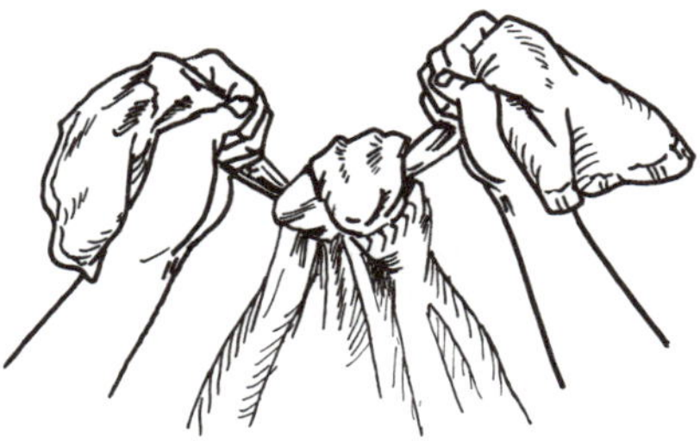

Faites un nœud dans une chemise.

Glissez la branche dans la chemise et fixez le tissu sur le cadre.

COMMENT FABRIQUER DES PIÈGES À ANIMAUX

Collets

Les collets se prêtent à la capture du petit gibier. Ils piègent la proie sans la tuer.

1 **Procurez-vous 60 cm de fil métallique inoxydable et un petit bâton.**
Le fil métallique est essentiel – la ficelle ou la corde ne résisteraient pas aux morsures de la proie.

2 **Enroulez une extrémité du fil autour du bâton.**
Tournez le bâton (comme on remonte un réveil) en tenant fermement le fil recourbé entre le pouce et l'index. L'extrémité s'entortille autour du fil.

3 **Cassez le bâton près de la boucle et enlevez le morceau restant.**
Vous obtenez une petite boucle solide.

4 **Passez l'autre extrémité du fil dans la boucle.**
Voilà, le collet est terminé. Une fois pris au piège, plus l'animal se débat, plus la boucle se resserre. Comptez environ 12 cm pour le diamètre de la boucle.

5 **Entortillez l'extrémité libre du collet à un piquet d'environ 30 cm.**

6 **Placez le collet sur le chemin habituel d'un animal ou non loin de son terrier (mais pas juste devant l'entrée).**
Vous pouvez aussi améliorer vos chances de capture en utilisant deux collets, l'un juste derrière l'autre. Prisonnier du premier, l'animal se prendra probablement dans le second en se débattant.

7 **Fixez solidement le piquet dans un endroit où il sera dissimulé à la vue de l'animal.**
Mais pas d'excès de zèle dans le camouflage ; il serait trop bête de ne pas le retrouver. Il peut être utile de le marquer d'un signe distinctif.

8 **Relevez les pièges seulement une ou deux fois par jour.**
Plus souvent, vous perturberiez l'habitat de votre proie potentielle et risqueriez de l'effaroucher. Prévoyez quand même un autre menu (pour le cas où vous rentreriez bredouille).

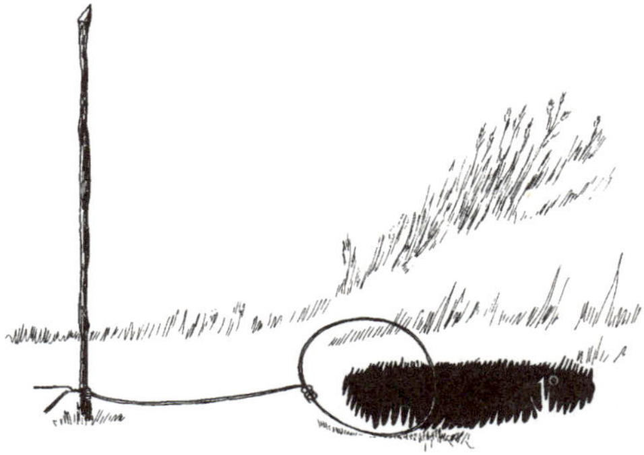

Collet

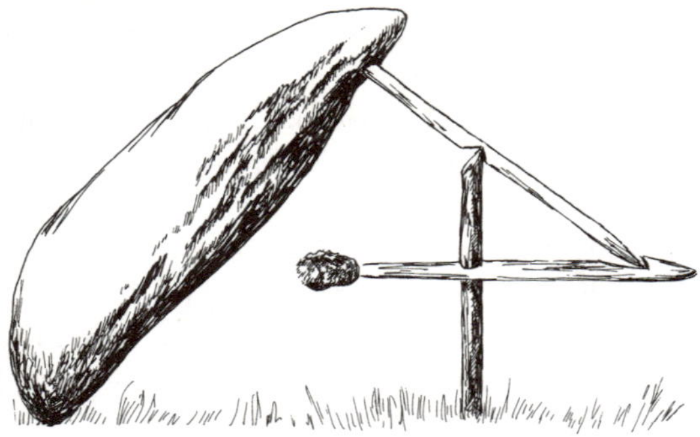

Piège assommoir

PIÈGES ASSOMMOIRS

Cette catégorie de pièges à chute utilise la gravité pour capturer ou tuer le gibier de plus grande taille. Le piège en 4 est le modèle le plus simple à fabriquer : la gâchette libère une masse (grosse pierre ou bûche) qui s'abat sur la proie.

1 **Repérez des traces d'animaux indiquant une piste fréquentée où placer votre piège.**

2 **Trouvez trois bâtons de bois de diamètre et longueur similaires, plus une grosse pierre plate ou une bûche.**
La longueur et le diamètre des bâtons dépendent du poids de la charge utilisée – à vous de juger.

3 **Creusez une entaille à angle droit au milieu d'un des bâtons.**

Taillez une extrémité comme la pointe d'un tournevis à tête plate – mince et effilée. Vous avez déjà votre support vertical.

4 **Creusez une autre entaille (elle doit pouvoir s'encastrer dans la première selon la technique des tenons et mortaises) au milieu d'un deuxième bâton.**
Sur ce même bâton, faites une entaille triangulaire à quelques centimètres d'une extrémité et taillez l'autre en pointe. Il servira de traverse et portera l'appât.

5 **Creusez une entaille triangulaire au milieu du dernier bâton.**
Cette entaille recevra la pointe aplatie du support vertical. Taillez une extrémité comme la pointe d'un tournevis à tête plate et coupez l'autre à angle droit. Voilà votre gâchette.

6 **Plantez le support à la verticale dans le sol.**

7 **Fixez un morceau de viande ou tout autre appât sur la pointe de la traverse et insérez-la à l'horizontale dans l'entaille du support.**

8 **Placez la gâchette sur l'ensemble, à un angle de 45° par rapport à la traverse appâtée.**
La pointe effilée de la gâchette vient se coincer dans l'entaille au bout de la traverse et le sommet du support est logé dans l'entaille triangulaire de la gâchette.

9 **Placez la charge de façon à ce que sa partie supérieure repose sur le bout de la gâchette.**
Lorsqu'un animal surviendra, il mordra à l'appât. Le mouvement délogera la gâchette de l'entaille, provoquant la chute de la charge sur la proie.

On vous aura prévenu

- Pour accroître vos chances de capture, posez toujours plusieurs pièges à la fois, de préférence 8 à 10.
- Choisissez bien leur emplacement : gîte des animaux, point d'eau ou de nourriture. Observez au préalable leurs allées et venues. Les accumulations d'excréments indiquent la présence de nids.
- Relevez les pièges une ou deux fois par jour. Les proies mortes pourrissent vite et risquent d'être dévorées par d'autres animaux.
- Ne construisez pas le piège sur le lieu même où vous avez l'intention de le poser. Fabriquez les différents éléments au campement, puis assemblez-les à l'emplacement choisi. Ainsi, vous n'effaroucherez pas le gibier en demeurant trop longtemps dans leur habitat. Essayez de camoufler votre odeur en frottant les pièges avec des feuilles ou de l'écorce.
- Sur l'itinéraire habituel d'un animal, placez le piège dans une portion étroite, par exemple entre des pierres ou sur un passage bordé de broussailles. Méfiant de nature, un animal ne s'approche en principe d'un piège que s'il ne peut le contourner aisément. Comme les humains, les animaux ont tendance à choisir la solution de facilité.
- Attention, danger : les pièges peuvent aussi blesser l'homme ou capturer des proies plus grosses que prévu. Veillez à ce que personne ne s'en approche.
- Méfiez-vous d'un animal pris au piège. Mu par l'instinct de survie, il tentera sans doute de vous attaquer.
- Pensez à désactiver et démolir vos pièges avant votre départ.

CHAPITRE 6

BLESSURES ET AUTRES BOBOS

COMMENT SE COMPORTER FACE À UNE TARENTULE

Les tarentules ne sont en principe pas hostiles et leurs morsures ne sont pas fatales. Cependant, ces dernières peuvent provoquer de dangereuses réactions allergiques chez certaines personnes à terrain sensible, sans compter qu'elles sont parfois extrêmement douloureuses. Méfiez-vous donc si une de ces charmantes bestioles batifole sur vous ou dans les parages.

1 **Trouvez quelque chose pour chasser la tarentule.**
Un petit bâton, un journal ou magazine roulé ou un gant feront parfaitement l'affaire. La plupart des tarentules sont très farouches et dès que vous les pousserez, elles s'enfuiront à toutes pattes. Il est moins risqué de chasser une tarentule avec un objet qu'à main nue.

2 **Si la tarentule est sur vous, mais dans un endroit difficile d'accès, levez-vous sans hâte et sautillez doucement.**
La tarentule devrait tomber ou s'enfuir.

COMMENT TRAITER UNE MORSURE

1 **En cas de morsure, pas de panique.**
La grande majorité des tarentules tâtent d'abord le terrain avec une morsure « sèche » (qui ressemble à une double piqûre d'aiguille), puis mordent à nouveau pour injecter le venin. Évitez quand même les *Pterinochilus* et les *Heteroscodra*, deux espèces africaines, et les Poecilothera, mygales « ornementales » d'Asie du sud, dont les morsures sont redoutables.

Chassez la tarentule avec un journal roulé ou tout autre objet que vous avez sous la main.

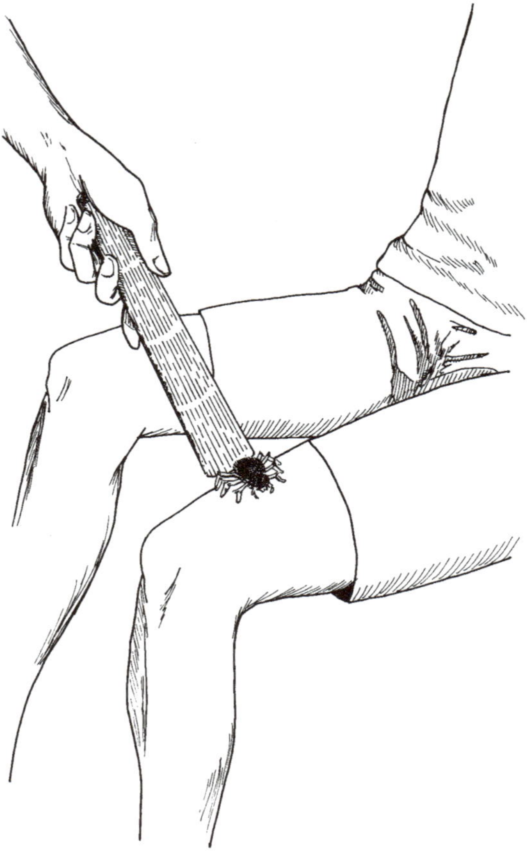

2 **Traitez une morsure sèche comme toute autre petite piqûre : nettoyez la plaie avec un antiseptique et protégez-la avec un pansement.**

3 **Surveillez attentivement les abords de la morsure.**
Quelques variétés de tarentules injectent un venin qui peut provoquer un gonflement et une rougeur autour de la plaie, ainsi qu'une douleur pendant 2 à 6 heures. Si ces symptômes se prolongent au-delà de 12 heures, ou si d'autres symptômes plus graves apparaissent, demandez un avis médical. Sauf en cas d'absolue nécessité, ne prenez pas le volant.

4 **Traitez un gonflement important avec un antihistaminique.**
Les antihistaminiques apaisent les réactions allergiques, mais agissent en général lentement. En cas d'apparition de nouveaux symptômes tels que rougeur extrême du visage, vision altérée, vertige, œdème important du visage – surtout autour des yeux – ou difficultés respiratoires, l'utilisation d'épinéphrine (adrénaline) peut s'avérer nécessaire.

5 **Surveillez attentivement d'éventuelles complications.**
Si la morsure en elle-même n'induit probablement pas de risque fatal, le plus grand danger encouru est l'infection. Consultez immédiatement en cas de symptômes de tétanos (raideur musculaire, spasmes, fièvre, convulsions, difficultés à avaler, arythmie cardiaque, troubles respiratoires), tularémie (fièvre, nausée, gonflement des ganglions lymphatiques, maux de gorge, vomissements, diarrhée) ou septicémie (pics de fièvre et frissons, respiration accélérée, choc,

désorientation, incapacité à uriner, œdème des membres, cyanose des lèvres et des ongles).

On vous aura prévenu

- Les tarentules sont des araignées comme les autres ; c'est juste le gabarit qui impressionne. Rares sont celles qui mordent, à moins que vous ne cherchiez à les taquiner.
- Les tarentules ne sont porteuses d'aucune maladie connue transmissible à l'homme ou aux vertébrés en général. Le tétanos, la tularémie et autres pathologies pouvant survenir à la suite d'une morsure, sont plus probablement le résultat d'une contamination ultérieure due à des conditions d'hygiène douteuses (voir étape 5).
- On trouve des tarentules en Amérique du nord, à l'ouest du Mississippi, en Amérique du sud et dans les régions chaudes du monde entier. Leur habitat est diversifié : désert, plaine herbeuse, brousse, forêt tropicale. La plupart vivent dans des terriers, mais quelques espèces préfèrent les arbres ou les renfoncements à la base ou sous les toits des maisons.
- Le plus souvent nocturnes, les tarentules sont difficiles à remarquer à moins que vous ne les cherchiez. De jour, on rencontre surtout les mâles adultes à la recherche d'une femelle pour l'accouplement.
- N'essayez jamais de ramasser une tarentule. Elles possèdent en haut de l'abdomen des poils durs pouvant irriter la peau. Ces akènes se détachent facilement et sont transportés par l'air. En forme de petits harpons acérés, ils peuvent pénétrer dans la peau et provoquer une éruption d'urticaire.

COMMENT TRAITER UNE PIQÛRE DE SCORPION

1 **Gardez votre calme.**

Le venin de scorpion déclenche des manifestations d'angoisse chez les victimes, alors efforcez-vous de votre mieux d'éviter toute panique. La plupart des espèces ont un venin d'une toxicité modérée qui, à part une douleur vive, ne constitue pas un risque médical sérieux pour un adulte en bonne santé.

2 **Appliquez des compresses très chaudes ou froides sur la piqûre pour soulager la douleur.**

La douleur la plus vive se concentre en principe au niveau de la piqûre. Prenez aussi un analgésique (antidouleur) si vous en avez à votre disposition.

3 **En cas de réaction allergique, prenez un antihistaminique.**

Le venin de scorpion contient des histamines pouvant provoquer des réactions allergiques (asthme, urticaire) chez les personnes sensibles.

4 **Surveillez la survenue d'une arythmie cardiaque, de fourmillements dans les membres, d'une paralysie des membres ou des doigts, de difficultés respiratoires.**

La plupart des piqûres de scorpion ne provoquent qu'une douleur instantanée localisée à l'endroit de la piqûre, semblable à celle d'une piqûre de guêpe. La douleur peut irradier dans le corps au bout de quelques minutes. Elle tend à se propager dans les articulations, surtout aux aisselles et à l'aine. Des symptômes systémiques peuvent aussi apparaître – engourdissement du visage, de la bouche ou de la gorge ; contractions musculaires ; transpiration ; nausée ; vomissements ; fièvre ; agitation. Ces symptômes sont normaux et ne menacent pas gravement la santé ; ils se calment en général au bout d'une à trois heures. L'endroit peut rester douloureux ou sensible au toucher, au froid ou à la chaleur pendant un à trois jours.

5 **Consultez en cas d'apparition des symptômes ci-dessus.**
Les jeunes enfants piqués doivent recevoir des soins d'urgence. Les adultes ont davantage de temps – le risque de décès ou même de pathologie grave à la suite d'une piqûre de scorpion est extrêmement faible. Vous aurez au moins 12 heures pour vous rendre à un hôpital – probablement plus.

6 **N'utilisez pas de garrot, car les toxines se diffusent très rapidement loin de la piqûre.**
Un garrot ne contribuera pas à guérir la plaie et fera, au contraire, plus de mal que de bien, s'il est mal posé.

Le venin de scorpion déclenche des manifestations d'angoisse chez les victimes.

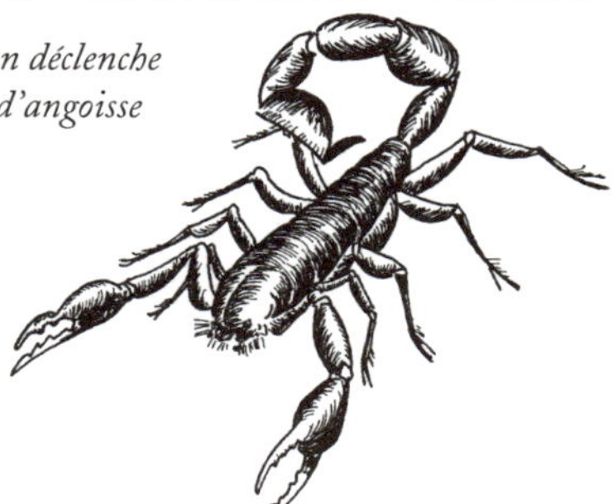

7 **N’essayez pas d’entailler la piqûre et d’extraire le poison par succion.**

C’est le meilleur moyen pour déclencher une infection ou inoculer accidentellement le venin à la personne qui tente de l’aspirer.

On vous aura prévenu

- Le scorpion sort essentiellement la nuit pour la chasse et l’accouplement. Le jour, il se cache sous une pierre, l’écorce d’un arbre ou dans une petite crevasse selon l’espèce. Il est connu pour se réfugier dans les chaussures, les vêtements, les lits ou les serviettes de toilette. Votre présence peut surprendre l’animal qui risquera de piquer s’il est dérangé. Si vous vous trouvez dans une région à scorpions, secouez les objets à risque et inspectez votre lit avant de vous y allonger.
- De nombreuses espèces de scorpions rentrent dans les maisons et autres bâtiments, ce qui accroît le risque de rencontre. Le scorpion pique s’il est surpris ou menacé, mais se tient tranquille si on ne le provoque pas.
- Sauf exception rare, la dose de venin inoculée par un scorpion ne suffit pas à tuer un adulte en bonne santé. Sa toxicité varie selon l’espèce, mais certains scorpions sécrètent des neurotoxines très puisantes qui, à quantité égale, sont plus toxiques pour l’être humain que le venin de cobra. Par comparaison avec les serpents, le scorpion injecte cependant une faible quantité de venin, d’où une dose non létale de toxines par piqûre.

COMMENT TRAVERSER UNE RIVIÈRE INFESTÉE DE PIRANHAS

1 **En cas de plaie ouverte, ne traversez pas.**
Les piranhas sont attirés par le sang.

2 **Évitez la proximité des élevages piscicoles, des quais où sont nettoyés les poissons ou encore des colonies d'oiseaux.**
Les piranhas peuvent avoir l'habitude de se nourrir dans ces zones et s'y montrer plus agressifs.

3 **N'entrez pas dans l'eau pendant que les piranhas se nourrissent.**
Lorsque les piranhas attaquent une proie en grand nombre – un vrai carnage dans un bouillonnement furieux – ils peuvent mordre tout ce qui se trouve dans

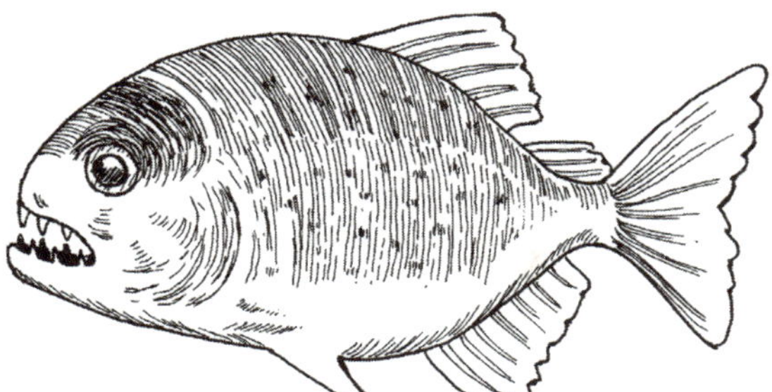

Les piranhas sont plus actifs (et affamés) le jour : traversez donc une rivière infestée de préférence la nuit.

les parages. Si vous voyez des piranhas en train de se nourrir, restez hors de l'eau ou alors passez loin en amont.

4 **Traversez la rivière de nuit.**

À quelques très rares espèces près, le piranha se repose la nuit et, lorsqu'il est réveillé, a plutôt tendance à fuir qu'à attaquer. Leur pic d'activité se situe à l'aube, bien que certains adultes de grande taille chassent aussi le soir.

5 **Traversez à la nage ou en marchant d'un pas rapide mais calme.**

Efforcez-vous de ne pas provoquer de remous dans l'eau qui pourraient réveiller les piranhas.

On vous aura prévenu

- Le piranha est un poisson tropical d'eau douce. À l'état sauvage, il ne vit qu'en Amérique du sud, dans les cours d'eau à faible débit, les eaux stagnantes ou les lacs en zones de crue. On n'en trouve en principe pas dans les lacs de montagne ou les torrents : l'eau y est trop froide et le courant trop rapide.
- En général, le piranha ne s'attaque pas à l'homme ou aux animaux de grande taille – à moins qu'ils ne soient morts ou blessés. Mais à la saison sèche, lorsque la nourriture se fait rare, le piranha peut devenir plus agressif. Quand un troupeau doit traverser un cours d'eau infesté de piranhas, l'éleveur sacrifie parfois un animal malade ou blessé en aval avant de faire entrer le reste du troupeau dans l'eau.

QUE FAIRE EN CAS D'AMPUTATION D'UN MEMBRE

1 **Localisez l'artère sectionnée sur le moignon.**
Le sang jaillit des artères au rythme des pulsations cardiaques.

2 **Pincez au plus vite les grosses artères qui saignent le plus.**
L'artère brachiale dans le bras et l'artère fémorale dans la jambe sont les principaux vaisseaux que vous devriez trouver. Une personne (la victime ou un tiers) doit continuer de pincer pendant que vous passez à l'étape suivante.

3 **Posez un garrot.**
Choisissez une bande de tissu d'au moins 3 cm de large et nouez-la autour du moignon, aussi près que possible de la blessure (mais pas trop pour qu'il ne lâche pas une fois serré). Serrez le garrot modérément dans un premier temps, sinon vous risqueriez d'écraser et léser définitivement des tissus viables. Serrez juste assez pour endiguer le plus gros de l'hémorragie. Continuez de pincer les artères.

4 **Ligaturez l'extrémité des gros vaisseaux sectionnés.**
Utilisez du fil de pêche, fil dentaire ou tout autre fil solide (dans cet ordre de préférence) avec une aiguille

à coudre si vous en avez une à votre disposition pour nouer avec soin les artères pincées. Faites un tour complet du vaisseau avec le fil, le plus haut possible et faites un nœud bien serré que vous consoliderez avec plusieurs autres nœuds par-dessus. Pratiquez une ligature en deux endroits du vaisseau pour le cas où l'une d'elles viendrait à lâcher.

5 Nettoyez le moignon avec soin.

La prévention des infections est capitale :
- Éliminez tout corps étranger souillant la blessure.
- Coupez les restants de tissus écrasés toujours attachés au moignon à l'aide d'un couteau ou de ciseaux bien aiguisés.
- Lavez la plaie abondamment sous l'eau courante.

6 Optionnel : cautérisez les hémorragies mineures.

Identifiez les zones qui saignent encore, de préférence durant le lavage à grande eau (c'est plus facile une fois les débris et caillots éliminés). Tapotez légèrement chaque vaisseau avec un tissu propre ou une compresse afin d'en localiser précisément l'extrémité, puis appliquez une lame ou autre pièce de métal chauffées à blanc. Si la plaie saigne encore un peu, ne vous inquiétez pas : une fois les grosses hémorragies sous contrôle, les petits saignements seront faciles à endiguer avec la pose d'un bandage.

7 Desserrez le garrot.

Au fur et à mesure que la pression du garrot décroît, vous pourrez vérifier l'efficacité de vos ligatures et décidez s'il faut en rajouter ou cautériser à nouveau. Si le saignement est minime, bravo ! Le garrot peut être enlevé. Afin de préserver les tissus du moignon, ne laissez pas un garrot en place plus de 90 min.

8 **Bandez le moignon.**

Enduisez la plaie d'une couche de pommade antibiotique (par exemple bacitracine, polymyxine ou mupirocine). Couvrez ensuite le moignon d'une gaze ou d'un tissu propres. Les bandes élastiques sont efficaces pour maintenir le pansement en place. Plus celui-ci est serré, moins le risque de saignement est grand.

9 **Surélevez le moignon autant que possible pour laisser la gravité faire son œuvre et ralentir tout saignement ultérieur.**

10 **Appliquez une poche de glace sur le pansement.**

11 **Tenez-vous prêt à poser un nouveau garrot si une hémorragie importante reprend.**

12 **Traitez la douleur et le choc provoqué par l'hémorragie.**

Utilisez tout antalgique à votre disposition pour apaiser la douleur de la blessure. Pour le choc, donnez à la victime de la viande rouge ou un liquide salé (par exemple du bouillon de poule) qui aideront à reconstituer le plasma et l'hémoglobine.

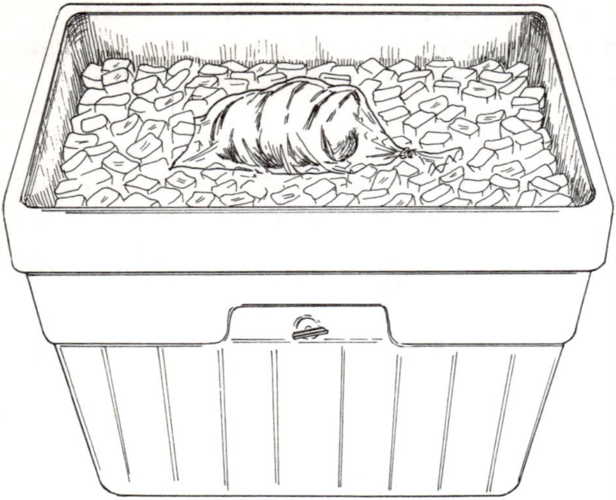

Pour conserver le membre, lavez-le avec précaution, enveloppez-le dans un tissu propre humide, puis dans un sac étanche placé au froid.

Comment conserver un membre amputé

1. **Lavez le membre amputé à l'eau avec précaution.**
2. **Enveloppez-le dans un tissu propre humide.**
3. **Placez le membre enveloppé dans un emballage étanche (par exemple un sac plastique).**

4 **Gardez le membre au froid.**

Un membre amputé ne doit jamais être congelé. Le gel détruit les tissus. Utilisez une glacière pleine de glaçons ou un réfrigérateur.

5 **Rendez-vous immédiatement dans un hôpital.**

Conservé dans de bonnes conditions, un membre amputé peut être recousu jusqu'à six heures après l'accident.

On vous aura prévenu

- L'amputation accidentelle d'un membre n'est pas forcément une blessure fatale. Par ordre de gravité, les problèmes immédiats auxquels vous devez parer au plus vite sont : l'hémorragie artérielle rapide et abondante, l'hémorragie plus lente de vaisseaux secondaires et l'infection. Seules les grosses hémorragies engagent le pronostic vital immédiat (le décès peut survenir en quelques minutes).
- Plonger un membre amputé dans l'eau peut provoquer des dommages irréversibles empêchant la greffe. Il est toutefois possible de le placer dans un emballage étanche et de le garder au frais dans l'eau d'une rivière ou d'un lac.

  Franchement, pas de quoi s'inquiéter !

COMMENT SE DÉBARRASSER D'UNE SANGSUE

1 **N'essayez pas d'enlever une sangsue en la tirant par le milieu ou en utilisant du sel, la chaleur ou un insectifuge.**
Toute pression, brûlure ou autre désagrément ne fera qu'agacer la sangsue en plein repas. Conséquence : une régurgitation qui provoquera la dissémination des bactéries de son tube digestif dans la plaie avec un très probable risque d'infection à la clé.

2 **Identifiez le suçoir antérieur (oral).**
Il se situe à l'extrémité la plus fine. Une erreur courante est de vouloir arracher la sangsue par la partie la plus charnue.

3 **Placez un ongle sur la peau (pas sur la sangsue elle-même), juste à côté du suçoir antérieur.**

4 **Glissez l'ongle doucement, mais avec fermeté vers le suçoir en pleine action et poussez-le latéralement.**
Lorsque l'effet ventouse du suçoir est rompu, la sangsue cesse de s'alimenter. Elle va aussitôt chercher à replanter son suçoir dans la peau et tombera cette fois sur l'ongle qui servira de bouclier. Même si le suçoir se replante dans la peau, la sangsue ne reprendra pas immédiatement son repas.

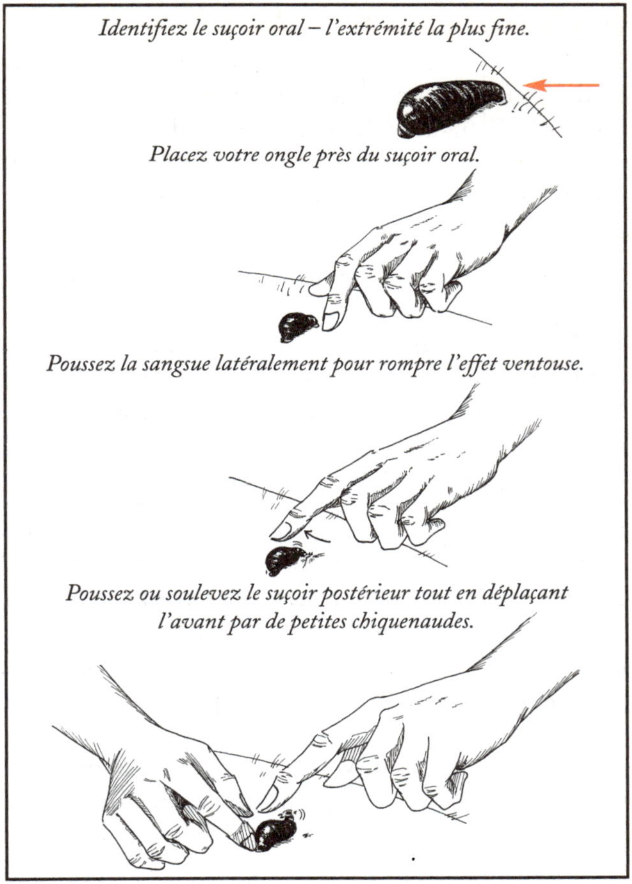

5 Déplacez le suçoir postérieur.

Tout en bougeant l'avant de la sangsue par de petites chiquenaudes, poussez ou soulevez la partie la plus charnue (suçoir postérieur) avec un ongle afin de rompre l'effet de succion.

6 **Débarrassez-vous de la sangsue.**
La sangsue s'est peut-être solidement fixée sur le doigt utilisé pour la chasser. Faites-la tomber d'une chiquenaude – elle devrait se décoller facilement. Une fois détachée, une bonne dose de sel ou d'insectifuge devrait la dissuader de recommencer.

7 **Traitez la plaie.**
Une fois l'action anticoagulante de l'hirudine (salive de la sangsue) dissipée, la plaie devrait cicatriser rapidement. Nettoyez avec soin la zone et couvrez-la d'un petit pansement si nécessaire. Évitez de gratter. Si les démangeaisons s'aggravent, prenez un antihistaminique.

UNE SANGSUE A ENVAHI VOS VOIES AÉRIENNES

L'hirudiniasis est le terme médical désignant l'invasion d'un orifice corporel par une ou plusieurs sangsues. La *Dinobdella ferox* (mot à mot, « la terrifiante sangsue féroce » ou « sangsue nasale ») en particulier a une prédilection pour les voies respiratoires où elle peut provoquer une obstruction, voire l'asphyxie, notamment lors d'une invasion en nombre. Si une sangsue envahit une voie aérienne sans vous empêcher de respirer, ne tentez pas de l'enlever – consultez immédiatement. Si vous ne pouvez plus respirer, voici la marche à suivre :

1 **Gargarisez-vous avec de l'alcool à 80°.**
La plupart des alcools forts – vodka, gin, tequila, whisky – ont la teneur en alcool requise. Utilisez un cocktail de 50 % d'alcool et 50 % d'eau. Veillez à ne pas inhaler (la sangsue et l'alcool).

2 **Crachez la sangsue.**

Alternative

Si les gargarismes ne donnent pas l'effet escompté et que la sangsue est visible, arrachez-la fermement par la partie charnue (suçoir postérieur).

On vous aura prévenu

- Vous ne risquez pas une hémorragie grave d'une morsure de sangsue (à moins peut-être d'en être recouvert). Il est normal que la plaie saigne encore un peu après coup, mais la quantité de sang perdue n'a rien de létal.
- La sangsue n'est pas connue pour transmettre des parasites à l'être humain par voie sanguine.
- La sangsue préfère les eaux stagnantes aux rivières ou torrents, mais on la trouve plus souvent au bord d'une eau claire et propre que dans ou près d'un marécage.
- Il faut à la sangsue une surface solide à laquelle s'agripper quand elle ne se nourrit pas.
  Vous éviterez une mauvaise rencontre en restant à découvert : nagez en eau profonde et bien dégagée, évitez les pontons et embarcadères, et ne pataugez pas au milieu de branchages ou cailloux immergés. Dans la jungle, restez sur les pistes et méfiez-vous des branches et lianes pendantes qui peuvent abriter des sangsues.
- Aquatique ou terrestre, la sangsue possède des organes de perception très développés : elle est attirée par les vibrations et la chaleur corporelle et ses 10 paires d'yeux lui permettent de détecter le moindre mouvement. Ne vous arrêtez pas en chemin et procédez à des inspections régulières sur vos compagnons et vous-même.

APPENDICE

CONSEILS GÉNÉRAUX POUR LE VOYAGE

Infos d'urgence—Notez renseignements et contacts importants sur une carte de visite que vous glisserez dans votre portefeuille. Pensez à y inclure les coordonnées de vos médecins, ainsi qu'une ou plusieurs personnes à contacter en cas d'urgence. Donnez à vos contacts une copie de votre itinéraire et le nom des endroits où vous comptez séjourner.

Urgence pipi—Vous avez une envie pressante ? Rendez-vous au grand hôtel le plus proche. La plupart des établissements sont équipés de sanitaires – en général propres et bien tenus – dans le hall ou à proximité. Les hôtels de luxe peuvent aussi vous rendre d'autres services – téléphone, fax, e-mail – et on se fera toujours un plaisir de vous indiquer le chemin à suivre.

Se rafraîchir—Les grands magasins sont l'endroit idéal pour se rafraîchir ou se remaquiller. Rendez-vous au rayon parfumerie où vous trouverez tout un tas d'échantillons à votre disposition : rouge à lèvres et autres produits de maquillage, parfum.

Taxis—En descendant d'un taxi, veillez à laisser la portière ouverte pendant que vous sortez vos bagages du coffre ; ainsi, le chauffeur risquera moins de partir avant que vous n'ayez récupéré vos affaires.

Cachettes—Les soutiens-gorge à rembourrage amovible constituent une cachette idéale pour l'argent, tout comme les tubes de tampons hygiéniques. Rares sont ceux qui oseront explorer des endroits aussi intimes.

DEVENEZ UN PRO DES BAGAGES

Des bagages au look unique—Personnalisez vos sacs et valises, par exemple en nouant un bandana à une poignée ou à l'aide d'étiquettes colorées du commerce. Les bagages se ressemblent souvent et même si vous êtes capable de les reconnaître, ce n'est pas forcément le cas de tout le monde. Il vous sera aussi plus facile de les surveiller à distance. Au lieu de cadenas, achetez des liens en plastique de couleur à entortiller dans les fermetures à glissière. Ils ne sont pas infaillibles, loin s'en faut, mais pourraient dissuader un voleur à l'affût d'un sac facile à ouvrir.

Soute ou cabine ?—Placez les affaires qui vous seront nécessaires en transit ou à l'arrivée dans votre bagage à main. Médicaments, articles de toilettes – pour éviter toute perte de temps à l'embarquement, conformez-vous aux réglementations en vigueur – et vêtements de rechange (au moins des sous-vêtements). Emportez en cabine les affaires qu'il vous serait difficile de remplacer si vos bagages étaient égarés ou retardés. Ne risquez pas de perdre un objet de valeur dans vos bagages enregistrés – la plupart des compagnies limitent la valeur assurée à seulement 800 €. Si vous voyagez avec quelqu'un de confiance, confiez-lui la moitié de vos vêtements et réciproquement. Ainsi, si l'un des sacs s'égare, vous aurez encore au moins la moitié de vos affaires.

Haro sur les plis—Placez des sacs de pressing en plastique entre les vêtements fragiles pour les empêcher de se froisser. Rangez les affaires de petite taille dans des sacs à glissière où elles resteront impeccables.

Créez de l'espace—Si votre valise menace de déborder, fermez-la et lâchez-la plusieurs fois à plat sur le sol. Le choc comprimera les affaires à l'intérieur et vous fera gagner un peu de place.

Ne tentez pas le diable—Si vous emportez avec vous du matériel électronique de valeur (appareil photo, caméscope, ordinateur portable), transportez-le dans un sac à couches pour bébé au lieu des sacs adaptés aisément reconnaissables. Un sac pour bébé risque moins d'être volé et possède de nombreuses poches très utiles.

Portefeuille factice—Préparez un leurre « attrape-voleur » qui contient une petite somme d'argent, une pièce d'identité avec photo (pas votre permis de conduire ou votre passeport) et quelques cartes supplémentaires facilement remplaçables pour faire plus vrai. Utilisez ce portefeuille pour vos menues dépenses quotidiennes, mais soyez prêt à y renoncer en cas d'agression. Transportez-le dans une poche de devant et entourez-le d'un élastique : vous sentirez ainsi plus facilement si une main indiscrète tente de vous le subtiliser. Positionnez-le de préférence dans le sens de la longueur au fond de la poche ; il sera moins facile à un pickpocket de vous en délester.

DEVENEZ UN PRO DE L'AVION

Choisir les meilleures places—Si vous voulez être bien assis en classe économique, essayez les places près des issues de secours ou les rangs contre une cloison. Ces places sont attribuées au premier arrivé à l'aéroport, alors présentez-vous tôt à l'embarquement. Les sièges situés à proximité des issues comptent aussi parmi les plus sûrs de la cabine – en cas d'évacuation d'urgence, vous n'avez que quelques mètres à franchir pour les atteindre.

Surclassement—Pour obtenir un surclassement, il suffit souvent tout bonnement d'en faire la demande lors de l'enregistrement ou même à bord. Même si certains programmes de fidélité vous imposent de payer un billet plein tarif afin de pouvoir utiliser vos miles pour un surclassement, il est parfois possible d'en obtenir un en « stand-by » au moment de l'embarquement sur demande de votre part. Assurez-vous juste d'avoir votre numéro d'abonné sur vous et demandez à être surclassé en première classe ou classe affaires au cas où il y aurait des disponibilités. Vous ne risquez rien non plus à tenter de vous assurer les bonnes grâces du personnel de bord. Certains passagers prévoient de petits cadeaux (biscuits, chocolats) à offrir aux hôtesses. Un surclassement vous sera aussi peut-être accordé si vous cédez votre place pour arranger des passagers voulant voyager ensemble. Montrez-vous aimable et sachez ne pas insister outre mesure.

Annulations—Si votre vol est annulé (ou si un retard vous fait manquer votre correspondance et vous oblige à réserver un nouveau vol), mieux vaut contacter immédiatement la compagnie ou votre agence de voyage pour modifier votre réservation. Ainsi, vous n'aurez pas à vous énerver dans la queue avec les autres passagers. Autre solution : retournez au guichet à l'entrée de l'aéroport pour effectuer une nouvelle réservation si la queue à l'embarquement est trop longue.

Vous pouvez aussi demander à transférer votre billet sur une autre compagnie proposant un vol qui vous conviendra davantage. Au lieu d'attendre plusieurs heures, voire une nuit entière, pour le prochain vol, renseignez-vous sur les vols des compagnies concurrentes, demandez s'il y a des disponibilités, puis contactez la compagnie retenue ou votre agence de voyage et insistez pour que votre billet soit transféré. Assurez-vous que vos bagages suivent.

Décalage horaire—Pour limiter les effets du décalage horaire, buvez beaucoup d'eau avant, pendant et après le vol. Faites de l'exercice, mangez et dormez bien immédiatement avant le voyage. Proscrivez la cigarette et l'alcool. À bord, mangez léger. Procurez-vous un petit oreiller gonflable qui vous permettra de dormir plus confortablement.

DEVENEZ UN PRO DE L'HÔTEL

Surclassement—Si la chambre que vous avez réservée n'est pas disponible à votre arrivée, exigez une chambre d'une catégorie supérieure ou un autre hôtel. N'hésitez pas non plus à vous plaindre de toilettes cassées, d'une douche qui fuit ou d'un room service défaillant – votre séjour sera plus agréable une fois le problème réglé et vous obtiendrez peut-être une réduction sur votre note.

Retrouver son chemin—Si vous ne parlez pas la langue du cru, emportez une boîte d'allumettes, carte de visite ou brochure portant le nom et l'adresse de votre hôtel. Vous montrerez les coordonnées aux chauffeurs de taxi ou aux personnes à qui vous demanderez votre chemin.

Sécurité—N'accrochez jamais à votre porte l'écriteau demandant le ménage de la chambre (en anglais : « Please Make Up My Room ») qui signale votre absence. Le service d'étage vérifiera et nettoiera de toute façon.

Sécher des vêtements mouillés—Le soir, suspendez vos vêtements mouillés dans la salle de bain sur un cintre et laissez la lumière allumée. Au matin, ils devraient être secs.

Climatisation—Dans les hôtels récents dont les fenêtres ne peuvent s'ouvrir, le système de climatisation peut avoir un effet déshydratant. Pour éviter de vous réveiller avec la bouche sèche et une désagréable sensation de soif, trempez une serviette sous un robinet et étalez-la sur le dossier d'une chaise dans la chambre. Placez le bas de la serviette dans une corbeille à papier. Vous augmenterez ainsi le taux d'humidité de l'air.

SI VOUS VOYAGEZ DANS UNE RÉGION DANGEREUSE

Se renseigner avant le départ—Consultez le site du Ministère des Affaires Étrangères, (www.diplomatie.gouv.fr) qui informe les voyageurs pays par pays sur les troubles récents (guerre, terrorisme, catastrophe naturelle, etc.).

Photos d'identité—Si vous voyagez avec femme et enfants, ou avec des amis, pensez à distribuer à chacun un jeu de photos de tous les membres du groupe en cas de problème. Gardez une photocopie de la page d'identification de votre passeport et une copie de vos numéros de cartes de crédit dans une cachette sûre.

Vêtements—Portez une tenue classique et neutre, sans signe ostensible de richesse (vêtements de marque, montre en or, bijoux de luxe, appareil photos, lecteur CD, etc.).

Photos—Demandez la permission avant de prendre une photo ; n'agissez pas en cachette. Proscrivez les installations militaires, les édifices gouvernementaux, les femmes, les personnes handicapées ou âgées.

LOCUTIONS UTILES POUR LES CAS D'URGENCE

Dans un pays étranger, quand un scénario catastrophe survient, il est très utile de connaître la langue locale. Il nous est impossible de fournir ici un guide linguistique complet, mais les pages suivantes vous proposent la traduction littérale de phrases clés en **anglais**, **espagnol**, **allemand** et **japonais**. Même si la langue locale est différente, vous devriez pouvoir vous en sortir avec ce bagage de base.

Au secours !

Help! (Anglais)

¡Socorro! (Espagnol)

Hilfe! (Allemand)

Tasukete! (Japonais)

Au voleur ! Arrêtez-le !

Stop, thief!

¡Alto, ladrón!

Halt, Dieb!

Mate, dorobô!

Courez!

Run!

¡Corre!

Lauf!

Nigero!

Y a-t-il un médecin/un pilote/ un avocat dans le bâtiment?

Is there a doctor/pilot/lawyer in the building?

¿Hay un médico/piloto/abogado en este edificio?

Gibt es einen Arzt/Pilot/Anwalt im Haus?

Kono biru no naka ni isha/ pairotto/bengoshi wa imasuka?

Bonjour—je suis sérieusement blessé(e).

Hello—I have been seriously wounded.

Hola—tengo una lesión grave.

Guten Tag—ich bin schwer verletzt worden.

Konnichiwa—watashi wa ôkega wo shite imasu.

Je saigne abondamment.

I am bleeding profusely.

Estoy sangrando mucho.

Ich blute stark.

Watashi wa obitadashiku chi ga dete imasu.

Puis-je utiliser votre ceinture comme garrot ?

May I use your belt as a tourniquet?

¿Podría yo usar su cinturón para un torniquete?

Darf ich Ihren Gürtel als Aderpresse benutzen?

Anata no beruto wo karite shiketsutai ni shitemo iidesuka?

Puis-je emprunter une serviette pour éponger le sang ?

May I borrow a towel to wipe up the blood?

¿Me presta una toalla para limpiar la sangre?

Darf ich ein Tuch borgen, um das Blut abzuwischen?

Taoru wo karite chi wo fuite mo iidesuka?

Pourriez-vous m'emmener à un hôpital propre, s'il vous plaît ?

Would you please take me to a clean hospital?

¿Me podría llevar a un hospital bueno?

Würden Sie mich bitte in ein sauberes Krankenhaus bringen?

Kirei na byôin ni tsurete itte kudasai masuka?

Peut-on manger ceci sans danger ?

Is this safe to eat?

¿Se puede comer?

Sind Sie sicher, dass man das essen kann?

Kore wo tabetemo daijôbu desuka?

Pourquoi l'eau est-elle brune/verte/noire?

Why is the water brown/green/black?

¿Por qué es turbia/verde/negra el agua?

Warum ist das Wasser braun/grün/schwarz?

Kono mizu wa dôshite chairoin desuka/midori iro nandesuka/kuroin desuka?

Quel type de viande est-ce ?

What kind of meat is this?

¿Qué tipo de carne es ésta?

Was für Fleisch ist das?

Kore wa nanno niku desuka?

Je suis désolé(e)—je ne cherchais pas à vous offenser.

I am sorry—I did not mean to offend you.

Lo siento—no quise ofenderlo/ofenderla.

Es tut mir leid—ich wollte Sie nicht beleidigen.

Gomennasai—anata no kibun wo gaisuru tsumori wa arimasen deshita.

Ne me faites pas de mal, s'il vous plaît.

Please do not injure me.

Por favor, no me lastime.

Verletzen Sie mich bitte nicht.

Watashi wo itai me ni awasenaide kudasai.

Ne me fâchez pas.

Do not make me angry.

No me enoje.

Ärgern Sie mich nicht.

Okoraseruna yo.

Je ne vous veux pas de mal.

I do not wish to hurt you.

No le quiero hacer daño.

Ich will Ihnen nicht weh tun.

Anata wo itai me ni awasetaku arimasen.

Ça saigne beaucoup?

Is it bleeding much?

¿Está sangrando mucho?

Blutet es stark?

Chi wa takusan dete imasuka?

Pardonnez-moi, et veuillez accepter cet argent/cet appareil-photo/ cette montre comme cadeau.

Please forgive me, and accept this money/camera/watch as a gift.

Disculpe, por favor, y acepte este dinero/esta cámara/este reloj como regalo.

Bitte verzeihen Sie mir, und akzeptieren Sie dieses Geld/diese Kamera/diese Uhr als Geschenk.

Kono okane/kamera/tokei wo owabi no shirushi toshite uketotte watashi wo yurushite kudasai.

Où se trouve l'ambassade/ l'aéroport/l'hôpital/ la gendarmerie le/la plus proche?

Where is the nearest embassy/ airport/hospital/police station?

¿Dónde está la embajada/ aeropuerto/hospital/estación de policía más cercano a?

Wo ist die nächste Botschaft/der nächste Flughafen/das nächste Krankenhaus/das nächste Polizeiamt?

Ichiban chikai taishikan/kûkô/ byôin/kôban wa dokodesuka?

Oui, j'ai mes papiers.

Yes, I have my papers.

Sí, tengo mis documentos.

Ja, ich habe meine Papiere.

Hai, shorui wo motteimasu.

Où sont vos papiers?

Where are your papers?

¿Dónde están tus documentos?

Wo sind Ihre Papiere?

Anata no shorui wa dokodesuka?

Je ne vous dirai pas.

I'm not going to tell you.

No se lo voy a decir.

Ich sage es Ihnen nicht.

Anata niwa oshiemasen.

Connaissez-vous un endroit où je peux me cacher ?

Do you know a place where I can hide?

¿Sabe usted dónde puedo esconderme?

Wissen Sie, wo ich mich verstecken kann?

Dokoka watashi ga kakure rareru tokoro wo shitte imasuka?

À quelle vitesse cette voiture peut-elle rouler?

How fast can this car go?

¿A cuánta velocidad puede ir este coche?

Wie schnell kann dieses Auto fahren?

Kono kuruma wa doregurai hayaku hashiremasuka?

En combien de temps pouvez-vous partir au plus vite?

How quickly can you leave?

¿Se puede ir lo más pronto posible?

Wie schnell können Sie mich von hier wegbringen?

Doregurai hayaku deraremasuka?

À quelle distance se trouve la frontière ?

How far is it to the border?

¿A qué distancia está la frontera?

Wie weit ist es bis zur Grenze?

Kokkyô made doregurai desuka?

Vous ne me ferez jamais parler.

You will never make me talk.

Usted nunca me hará hablar.

Sie werden mich nie zum Sprechen bringen.

Zettai watashi wo shaberaseru koto wa dekinai.

LES GESTES À ÉVITER

VERRE À L'ENVERS SUR UN COMPTOIR

Aux États-Unis comme dans beaucoup de pays, renverser son verre sur le comptoir indique en général que vous ne voulez plus boire. Dans certains bars d'Australie cependant, finir son verre et le poser à l'envers avec ostentation sur le bar peut indiquer que vous cherchez la bagarre avec l'un des consommateurs présents.

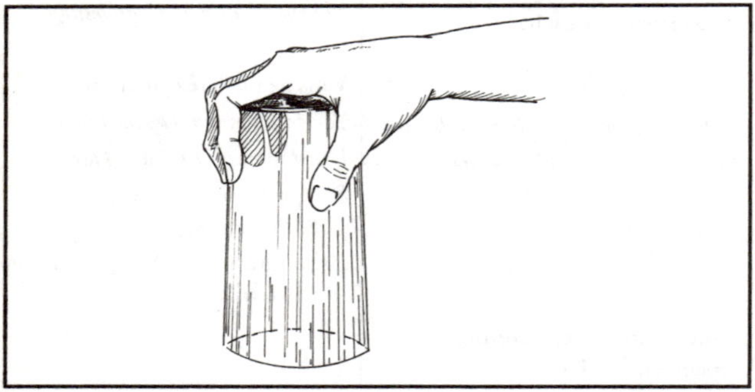

CONTACT VISUEL

Au Pakistan, il est courant de dévisager. Ne vous offusquez pas d'être la proie de regards insistants.

Au Zimbabwe, ne soutenez pas un contact visuel prolongé, geste considéré comme grossier, en particulier dans les régions rurales.

À New York, comme dans d'autres grandes capitales, évitez tout contact visuel avec les autres passagers dans le métro, le train ou le bus. Plongez-

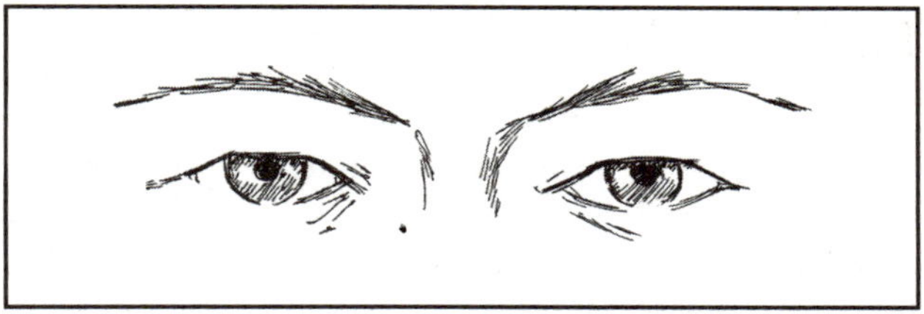

vous dans la lecture d'un livre ou d'un journal, ou laissez votre regard errer dans le vide avec indifférence afin d'éviter tout incident.

GESTE DU « NEZ COUPÉ »

Ce geste se fait le poing serré, le pouce tendu entre l'index et le majeur. Dans la plupart des pays d'Amérique Latine, il est considéré comme phallique et très vulgaire. Au Brésil, il signifie « bonne chance ». Dans certaines régions des États-Unis, il veut dire – comme en France – « j'ai volé ton nez », petit jeu souvent pratiqué aux dépens de jeunes enfants.

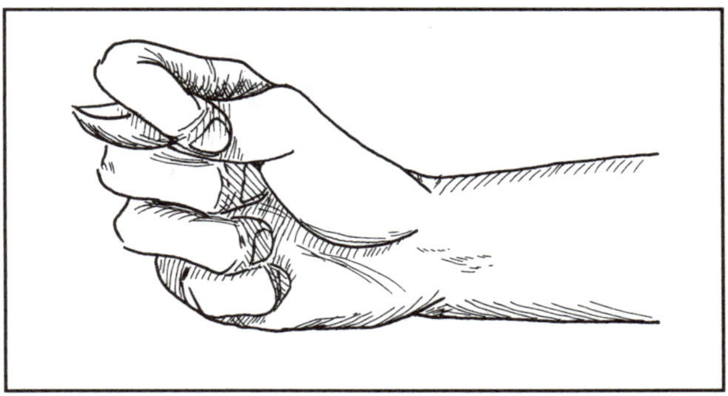

LE SIGNE « OK »

Le pouce et l'index qui se touchent à l'extrémité pour former un cercle, avec les autres doigts tendus, signifient « tout va bien » dans de nombreux pays comme les États-Unis. Ce signe est aussi utilisé dans le langage des plongeurs.

Au Brésil, en Allemagne et en Russie, il désigne par contre un orifice très intime et constitue une grave insulte.

Au Japon, ce geste signifie que vous désirez de la monnaie. Utilisez-le à la caisse dans un magasin pour recevoir votre monnaie en pièces.

En France, ce signe est peu flatteur : il évoque en général le nombre zéro ou quelque chose sans valeur. Et si on tourne les doigts dans cette position autour du nez, il veut dire « ivre ».

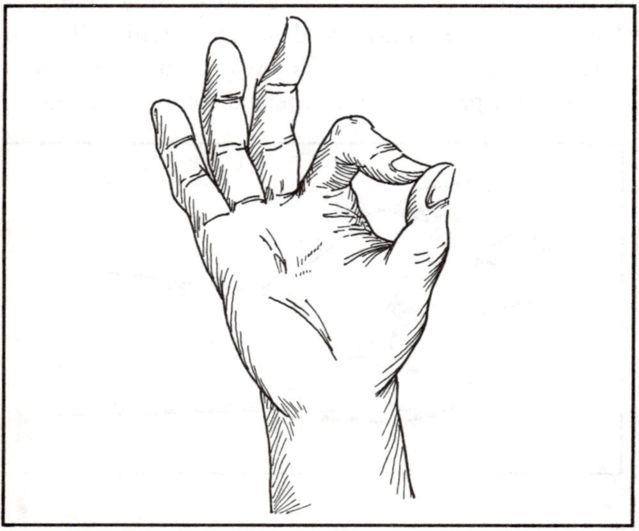

LES EXPERTS

Préface
Source : David Concannon, membre de l'Explorers Club et président de son comité exécutif.

CHAPITRE 1. LES MOYENS DE TRANSPORT

Comment maîtriser un chameau emballé
Source : Philip Gee, organisateur de safaris et directeur d'Explore the Outback en Australie
(www. Austcamel.com.au/explore.htm).

Comment arrêter un train fou
Source : Tom Amstrong, mécanicien de locomotive depuis 1977 et coordinateur de la prévention anti-accident pour la Canadian Pacific Railway.

Comment arrêter une voiture sans freins
Source : Vinny Minchillo, pilote de stock-car.

Comment maîtriser un cheval emballé
John et Kristy Milchick, entraîneurs d'équitation, propriétaires des écuries Hideaway dans le Kentucky
(www.hideawayhorses.com).

Comment amerrir en catastrophe
Source : Arthur Marx, instructeur de vol, propriétaire de Flywright Aviation, à Martha's Vineyard et membre de l'Explorers Club.

Comment survivre à un crash aérien
Source : William D. Waldock, professeur d'aéronautique à l'Embry-Riddle Aeronautical University et directeur adjoint du Center for Aerospace Safety Education à ERAU-Prescott, Arizona.

Comment survivre à une émeute
Source : consultant en chef de Real World Rescue (souhaitant rester anonyme), spécialisé dans le contre-terrorisme.

Comment survivre à une prise d'otages
Source : consultant en chef de Real World Rescue.

Comment offrir un pot-de-vin
Source : Jack Viorel, professeur ayant vécu et travaillé longtemps en Amérique Centrale et Latine.

Comment déjouer une arnaque
Source : Steve Gillick, directeur exécutif du Canadian Institute of Travel Counselors-Ontario (www.citontario.com).

Comment déjouer un enlèvement par un extraterrestre
Source : association SPACEAGE.

Comment survivre à une agression
Source : George Arrington, instructeur d'autodéfense.

Comment prendre un voleur en filature
Source : Robert Cabral, instructeur d'autodéfense, fondateur de l'International Academy of Martial Arts à Los Angeles ; Brad Binder, vice-président de W.R. Associates Inc., entreprise de sécurité du Wisconsin.

Comment semer un poursuivant
Sources : Robert Cabral ; Brad Binder.

Comment sauter de toit en toit
Source : Christopher Caso, cascadeur pour le cinéma.

Comment sauter d'un train en marche
Source : Christopher Caso.

Comment s'échapper d'une voiture en équilibre au bord d'une falaise
Source : Christopher Caso.

Comment se libérer de ses liens
Sources : Tom Flanagan, magicien et maître de l'évasion.

Comment enfoncer une barrière
Source : Vinny Minchillo.

Comment s'échapper du coffre d'une voiture
Source : Janette E. Fennel, fondatrice de TRUNC, association militant pour l'installation de systèmes de sécurité à l'intérieur des coffres de voiture.

Comment survivre à une chute sur une voie de métro
Source : Joseph Brennan, professeur spécialiste des systèmes d'informations à l'Université de Columbia, auteur d'un livre sur les stations désaffectées du métro de New York. (www.columbia.edu/~brennan).

Comment survivre à une chute d'ascenseur
Sources : Jay Preston, ingénieur spécialiste de la sécurité ; Larry Holt, consultant à Elcon, entreprise spécialisée dans l'entretien et la sécurité des ascenseurs.

Chapitre 4. En milieu hostile

Comment survivre égaré dans la jungle
Sources : Jeff Randall et Mike Perrin, spécialistes de la survie.

Comment s'orienter sans boussole
Sources : Jeff Randall et Mike Perrin ; Manuel de Survie de l'Armée U.S.

Comment sortir d'un puits
Source : Andrew P. Jenkins, professeur spécialiste en santé publique à la Central Washington University.

Comment s'orienter dans un champ de mines
Source : consultant en chef de Real World Rescue (toujours anonyme).

Comment échapper à une lame de fond
Sources : Service national météorologique de Miami ; Dr Robert Budman, médecin et consultant médical de la revue Surfer.

Comment survivre à une chute dans l'eau glacée
Source : Tim Smalley, coordinateur des missions d'éducation à la sécurité sur l'eau à l'Office des Ressources Naturelles du Minnesota.

Comment survivre dans l'eau froide
Source: Tim Smalley.

Comment survivre à une chute dans une cascade
Sources : Jon Turk, auteur de Cold Oceans : Adventures in Kayak, Rowboat and Dogsled
(www.coldoceans.com) ;
Christopher Macarak, instructeur de kayak.

Comment survivre à une éruption volcanique
Sources : Scott Rowland, vulcanologue ; la U.S. Geological Society.

CHAPITRE 5. LE GÎTE ET LE COUVERT

Comment survivre à l'incendie de son hôtel
Sources : David Ziegler, président de Ziegler & Associates, consultants en sécurité spécialisés dans les incendies (www.ziegler-inv.com) ;
John Linstrom, directeur exécutif de Fire & Emergency Television Network.

Comment trouver de l'eau sur une île déserte
Sources : Jean-Philippe Soule, ancien membre des chasseurs alpins français ; Benjamin Pressley, fondateur de Windsong Primatives, contribuant à plusieurs revues sur la vie en milieu naturel (www.perigree.net/~benjamin/index.htm) ;
Manuel de Survie de l'Armée U.S.

Comment purifier l'eau
Source : Andrew P. Jenkins.

Comment construire un abri dans la neige
Source : John Lindner, direction d'une école de survie en milieu naturel pour le compte du Colorado Mountain Club.

Comment survivre à un tsunami
Source : Eddie Bernard, directeur du Pacific Marine Environmental Laboratory, responsable de plusieurs programmes d'étude sur les tsunamis.

Comment survivre à une tempête de sable
Source : Thomas E. Gill, professeur au département des Géosciences et chercheur au Centre de Recherche sur le Vent à la Texas Tech University.

Comment pêcher sans canne à pêche
Source: Jean-Philippe Soule.

Comment fabriquer des pièges à animaux
Source : Ron Hood, expert en survie.

CHAPITRE 6. BLESSURES ET AUTRES BOBOS

Comment se comporter face à une tarentule
Source : Stanley A. Schultz, président de l'American Tarantula Society, auteur d'un guide sur l'élevage de la tarentule.

Comment traiter une piqûre de scorpion
Source : Scott Stockwell, major dans l'U.S. Army, entomologiste spécialisé dans le venin de scorpion.

Comment traverser une rivière infestée de piranhas
Sources : Paul Cripps, directeur d'Amazonas Explorer, agence spécialisée dans le voyage d'aventure au Pérou et en Bolivie ; Dr David Schleser, chercheur et guide spécialisé dans les voyages écologiques et les piranhas ; Barry Tedder, spécialiste en biologie marine et en survie dans la jungle ; Dr Peter Henderson, directeur de Pisces Conservation Ltd à Lymington, en Angleterre, spécialisé dans les piranhas.

Que faire en cas d'amputation d'un membre
Source : Dr James Li, praticien en médecine d'urgence à la Harvard Medical School à Cambridge, Massachusetts.

Comment enlever une sangsue
Source : Mark E. Siddall, conservateur-assistant au département de zoologie, section des invertébrés, à l'American Museum of Natural History de New York.

Locutions utiles pour les cas d'urgence
Sources :
français : Jennifer Wolf, étudiante en doctorat de littérature comparée, University of Pennsylvania ;
allemand : Lisa Marie Anderson, étudiante en doctorat de linguistique et littérature germaniques, University of Pennsylvania ;
japonais : William M. Hammel, étudiant en maîtrise de littérature japonaise, Yale Université ;
espagnol : Paul Carranza, étudiant en doctorat de littérature comparée, University of Pennsylvania.

Les gestes à éviter
Source : Roger E. Axtell, auteur des Do's and Taboos, série de guides dont un sur les subtilités du langage corporel.

LES AUTEURS

Joshua Piven, journaliste en informatique et écrivain free-lance le jour, est un infatigable globe-trotter la nuit. Ses pérégrinations lui en ont fait voir de toutes les couleurs : pourchassé par des voleurs à moto armés de couteaux, coincé dans un tunnel de métro, agressé, dépouillé... quand il croit avoir tout vu, on lui en ressert encore une louche. Il est le coauteur de *The Worst-Case Scenario Survival Handbook* et vit à Philadelphie avec sa femme.

David Borgenicht, écrivain, éditeur, homme d'affaires et globe-trotter, il a traversé en canoë des marais infestés d'alligators, parcouru l'Inde à dos d'éléphant, voyagé sans billet en Amtrak et, en avion, tombe presque toujours sur le rang près de la sortie (dont les sièges ne s'inclinent pas). Coauteur de *The Worst-Case Scenario Survival Handbook* et auteur de *The Action Hero's Handbook* (Quirk Books), il vit lui aussi à Philadelphie avec sa femme qui demeure à ce jour son meilleur scénario (pas du tout catastrophe, celui-là).

Brenda Brown est illustratrice et dessinatrice free-lance. Ses œuvres ont été publiées dans de nombreux livres et grands magazines dont : *The Worst-Case Scenario Survival Handbook*, *Reader's Digest*, et *The Saturday Evening Post*. Ses dessins numériques apparaissent dans des logiciels d'Adobe Systems, Deneba Software, Corel Corp, et de nombreux sites web.

Consultez www.worstcasescenarios.com pour des mises à jour, nouveaux scénarios et bien plus ! Parce qu'on ne sait jamais ce qui peut arriver...

À situation extrême, réponse extrême. Éléphants qui chargent, gorille en colère, moto qui dérape, inondation-éclair ou retombées nucléaires, chute dans un égout, quand cela vous arrive, il faut savoir quoi faire, et vite.
Voici enfin le guide indispensable, clair et illustré, qui facilitera la vie de ceux à qui tout peut arriver. Déjouer une meute de loups, encaisser une balle, éviter une attaque de vampires, sortir de route en montagne, faire atterrir une montgolfière en cavale, passer d'un immeuble à un autre sur un câble, réagir en présence de poudre blanche suspecte, se sortir d'un trou après avoir été enterré vivant… tout cela est possible !

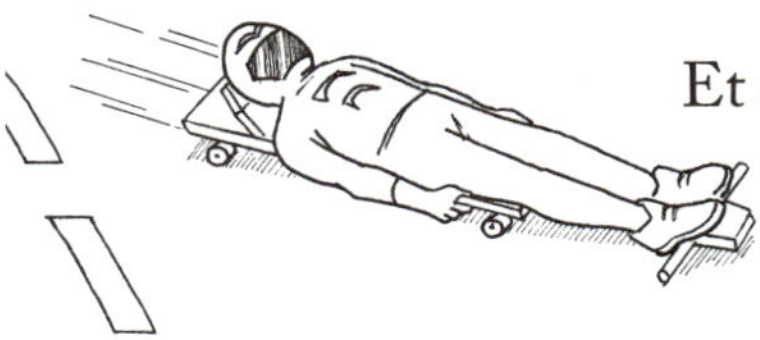

Et en prime, une liste de ce que l'on peut boire et manger en dernier recours et des noeuds à réaliser pour faire face à toute épreuve.

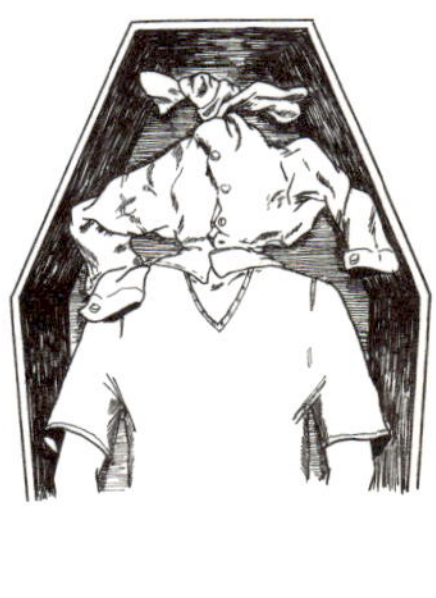

Traduit de l'anglais par Maud Godoc.

ISBN 978-2-35155-086-1

Imprimé en mai 2007 par Herissey.

Dépôt légal juin 2007.

Diffusion Hatier.
Distribution Hachette.

éditions 365
editions365.com

Éditions 365
32, rue de Londres - 75009 Paris
www.editions365.com